LA BLESSURE ET LE REBOND

AURÉLIEN ROUSSEAU

LA BLESSURE ET LE REBOND

Dans la boîte noire de l'État face à la crise

Odile Jacob

15, rue Soufflot, 75005 Paris

www.odilejacob.fr

ISBN : 978-2-4150-0302-9

Pour Marguerite,
Pour Clémence, Valentine et Abel.

À la mémoire de Marie-Christine Bernard-Gelabert, qui est partie avant que nous ne nous retrouvions, à celle de César Garreau de Labarre, dont le temps n'effacera pas le trop court passage, et à celle de Catherine Dumont, précieuse amie et indispensable collègue des temps de crise.

Prologue

PLONGER

Au moment de commencer à écrire, l'impression qui me saisit est celle d'être en haut d'une falaise, face à un trou d'eau, d'un bleu ou d'un vert si profond qu'il en devient presque noir. Le soleil est éblouissant et j'ai du mal à garder les yeux ouverts. Ils sont encore recouverts d'une fine pellicule d'eau qui fait loupe. Face à la brûlure, le seul besoin qui s'impose est celui de fermer les paupières. Je connais bien ces eaux car il n'y a pas si longtemps que je m'en suis extrait, que j'ai appuyé de toutes mes forces sur mes bras et tendu tout le corps pour sortir de ce liquide à la fois glacé, mais aussi presque visqueux, qui m'enveloppait comme une forme de glaise. J'en suis sorti différent ; en tout cas, lorsque ma tête a émergé à la surface, j'ai constaté que j'étais loin de l'endroit où j'avais plongé vingt mois plus tôt. J'avais cheminé dans les profondeurs, peut-être en nageant, peut-être seulement poussé par les courants.

J'ai sans doute avalé des litres de cette eau limpide et sombre à la fois. J'en suis empli et maintenant me voici saisi d'un sentiment où se mêlent le soulagement et le manque, l'envie de passer à autre chose et la peur de perdre le goût de cette aventure.

Ce trou d'eau a un nom qui parle à chacun de nous, à des milliards d'êtres humains, c'est la crise sanitaire qui s'est abattue sur notre pays et le monde au début de l'année 2020. Dans cette expérience quasi universelle, s'entrecroisent autant de milliards de trajectoires intimes. La mienne en est une. J'ai dû me mouvoir dans la noire profondeur de ces eaux, sans lumière. Comme si, par mes fonctions, j'avais atteint une zone protégée, pas inaccessible à proprement parler mais dont l'écosystème semble avoir ses règles et logiques propres... En deux mots, une boîte noire. Et cela vaut la peine de la chercher, comme on la traque après les catastrophes aériennes, pour comprendre, en prenant le temps de tout écouter, de démêler les interactions et les différentes réactions de l'équipage, au-delà des clichés ou des hypothèses émises par les uns ou les autres, pour savoir comment les choses se sont déroulées réellement, sans réécrire l'histoire *a posteriori*.

J'ai regardé encore un instant cette eau glacée dont j'avais réussi à sortir, mais j'ai su immédiatement qu'il me faudrait en passer par l'écrit pour donner du sens à cette période, pour mettre des mots sur cette imbrication entre l'intime et le collectif, l'incertitude et la volonté, la blessure et le rebond. Je ne suis pas un observateur, un expert qui conduirait une analyse : j'ai été un acteur direct de la réponse de l'État à cette pandémie pendant plus d'un an et demi.

Je n'ai jamais tenu de journal. J'ai beau parcourir ma mémoire, je ne me souviens pas d'un moment où, inscrivant une date, j'aurais écrit en regard quelques mots pour rapporter des faits, des sentiments ou des réflexions. Pourtant, j'ai commencé à noircir mille carnets, engagé cent fois des entreprises de prise de notes, mais jamais dans l'immédiateté. Même adolescent, je ne crois pas avoir ouvert ce fameux journal intime, doté d'un cadenas dérisoire, dans lequel on inscrit des chagrins ou des espoirs, des victoires et des déroutes. Je ne sais sans doute pas le faire et la crise sanitaire qui s'est ouverte en France en janvier 2020 ne m'a pas laissé le temps de l'apprendre. Je le regrette parfois car la mémoire est une partenaire joueuse qui fait elle-même le tri, visite et revisite les événements, met à distance parfois les choses trop dures. Il m'a fallu des années avant de parvenir à mettre sur le papier une part de ce que je voulais dire ou conserver de l'expérience vécue de la maladie, des mois de réanimation, il y a quinze ans de cela, du handicap, de la douleur lancinante… Si je m'attelle dès maintenant à cet exercice, c'est sans doute que le sentiment d'urgence est encore plus grand, face à ce qui fut non seulement une expérience personnelle pour chacun de nous, mais aussi un fait historique majeur et tragique.

Un conservatoire

À l'été 2021, au moment où, quittant mes fonctions de directeur général de l'agence régionale de santé d'Île-de-France, je suis sorti de la mêlée dans laquelle j'étais entré vingt mois plus tôt, j'ai ressenti le besoin, intime, comme venant des profondeurs, de construire un conservatoire. Conserver mon histoire. Conserver notre[1] histoire.

Cette histoire, beaucoup chercheront à la raconter en se focalisant sur le sommet de l'État, sur les décisions des plus hautes autorités ; d'autres, en particulier des médecins, ont déjà fait part de leurs témoignages, de leurs combats, de leurs critiques aussi ; des élus ont eu également l'occasion de dire le rôle important joué par les collectivités territoriales. Mais comme souvent dans de tels tableaux, il existe des angles morts où sont relégués des acteurs froids, qui ne seraient au fond que des structures technocratiques, sans humanité. Et dans

1. Ce « nous » n'est pas une manière élégante de déguiser une aventure personnelle, ou de maquiller une forme de narcissisme. Le « nous » s'impose à chaque instant, car comme sans doute pour les anciens combattants, il y a ceux qui en ont été et avec eux le lien est indéfectible. J'ai conscience en écrivant cela du caractère quelque peu sentencieux, peut-être déplacé, de la formule, mais alors que la métaphore guerrière ne m'a jamais totalement convaincu tout au long de la crise, je crois que la comparaison avec le sentiment d'appartenance des anciens combattants aide peut-être à comprendre ce que je souhaite mettre derrière ce « nous ».

ces angles morts il y a l'État, et plus généralement tous les agents publics. Beaucoup les oublieront, certains les critiqueront, puisque la « bureaucratie » est toujours une cible de choix pour qui veut trouver un responsable. J'espère aussi que d'autres se souviendront que ces milliers de gens, travaillant au ministère, dans les agences nationales et régionales de santé, dans les caisses d'assurance-maladie, dans les préfectures, dans les services administratifs des établissements sanitaires et médicosociaux, n'ont jamais quitté le pont du navire, et que sans eux l'histoire de la crise aurait sans doute été tout autre. Ce livre, au fond, se voudrait un carottage de ce que nous avons vécu – nous qui formons cette ligne invisible du service public – durant ces mois sombres et lumineux parfois aussi.

Les mois en question ne peuvent pas se ressaisir d'un coup, non, ils se découpent en semaines, en journées et à certains moments en heures que l'on sait qualifier tant elles ont été vertigineuses.

Je ne vais pas raconter cette crise. D'abord et avant tout parce qu'elle n'est pas finie pour beaucoup d'acteurs, même si pour ma part je la regarde de plus loin. Jusqu'à la dernière minute, il n'est donc tout simplement pas possible d'écrire le mot « fin ». Il ne s'agit pas non plus d'écrire l'histoire officielle, mais de livrer un témoignage avant qu'il ne se laisse gagner par l'oubli.

Il s'agit aussi de mettre des mots sur ce qui fut notre quotidien, mais que parfois, par pudeur, on n'ose plus formuler lorsque la tempête ce calme. Celui qui s'impose dans les premières semaines ne comporte que quatre lettres : peur. La peur, s'il fallait la résumer à une image, c'est celle de ne pas parvenir à éviter en France ce qui s'est passé en Chine ou, plus proche de nous, en Italie en mars 2020 : des personnes mourant dans les couloirs des hôpitaux, sur les parkings même, le tri de patients, au-delà des critères utilisés quotidiennement par les médecins. Cette peur-là vous prend au ventre, non pour vous dire que vous seriez le seul en cause en cas d'échec, mais parce qu'il y a peu de moments dans votre vie où votre action et vos décisions ont un tel impact.

Est-ce le bon moment ? Cette question me taraude bien sûr. La crise n'est pas achevée. Je commence à écrire alors que je n'ai quitté mes fonctions que depuis quelques semaines et ne dispose sans doute pas du recul nécessaire pour tirer tous les enseignements de ce que nous traversons, tandis que les équipes de l'ARS, sous la solide direction d'Amélie Verdier qui m'a succédé, sont restées sur le front. La ligne de crête est étroite : ni journal de bord, ni théorie de l'État, ni manuel de survie pour fonctionnaire en période de tempête.

L'espace entre ces écueils existe, même si le parcours est incertain. Tout cela pourrait plaider pour attendre, sagement, raisonnablement.

De l'autre côté de la balance, il y a la vitesse fulgurante de l'oubli. Aussi me semble-t-il préférable de livrer immédiatement des impressions et quelques convictions, et de nourrir le débat, plutôt que d'attendre une hypothétique formulation définitive, qui viendra avec le temps et à l'aide de regards extérieurs, notamment celui des sciences sociales.

Face à une pandémie qui s'étire sur tellement de mois, toute tentative de synthèse, toute volonté de formuler des enseignements positifs suppose la prudence, la modestie et l'affirmation méthodologique, et au fond éthique, qu'il s'agit de présenter une hypothèse, entourée de nombreuses incertitudes. La crise forge ou consolide des convictions, mais pour reprendre un mot auquel la recherche médicale recourt souvent, le temps des preuves n'est pas encore totalement venu. Pour autant, attendre les preuves pour affirmer en acte certains engagements serait aussi une erreur. Une faute même sans doute. En un mot, la crise nous impose de prendre du recul en restant dans l'action, périlleux exercice. Les quelques lignes qui suivent doivent être prises comme telles : la photographie d'une analyse et d'un engagement, que nous devrons, pour certains au moins, faire fructifier dans « le monde d'après », celui d'après la « crise ».

Le mot est là. Il ne quitte plus ni l'espace public, ni l'espace intime. Il faut s'y pencher un instant avant de commencer la plongée, car « les mots qui vont surgir savent de nous des choses que nous ignorons d'eux », comme l'écrivait avec tant de force René Char dans ses *Chants de la Balandrane*[1].

Souvent l'inadéquation entre le mot et la chose est un indice fort : il faut forer cet interstice et comprendre ce qui s'y joue. Au fond, comme beaucoup d'autres

1. René Char, « Sept saisis par l'hiver », *in Chants de la Balandrane*, Paris, Gallimard, 1977.

mots, celui de « crise » désigne des réalités totalement hétérogènes et finit par être vidé de sens.

Il y a des crises aiguës, qui durent quelques heures, même si elles sont souvent le produit de mécanismes de long terme et qu'elles peuvent avoir des conséquences durables et profondes sur la société. Je pense aux attentats terroristes. Ces actes font basculer l'État, les services publics, en « mode crise » pour quelques heures, quelques jours et ensuite il faut gérer la sortie de ce mode d'urgence sans donner le sentiment de baisser la garde sur la sécurité et l'investissement dans la protection des Français.

Chacun des présidents de la Ve République, et encore plus depuis quinze ans, a eu à affronter ce type d'événements, parfois plusieurs au cours d'un quinquennat. Il en existe aussi au long cours mais qui souvent finissent par prendre un autre nom, elles deviennent un conflit, un dossier, un point de fixation… Je pense ici évidemment à la guerre qui fait revenir le tragique de l'histoire dans nos vies quotidiennes.

La crise que nous connaissons depuis le début de l'année 2020 ne ressemble à aucune autre. Si je ne retenais que quelques mots pour la qualifier, je choisirais en effet : peur, durée, inconnues, rebonds, contre-pieds, réseaux sociaux, *fake news*, immédiateté, comparaison, jour sans fin, risque, science…

Rien de tout cela n'est neutre, l'absence de linéarité, les soubresauts permanents, la difficulté à stabiliser une qualification précise des situations sont autant d'éléments qui mettent à l'épreuve non seulement ceux qui ont à y faire face, mais plus fondamentalement l'appareil étatique chargé de protéger nos concitoyens.

Sans doute retrouve-t-on dans l'histoire ce type de situation. Je crois cependant que pour ce qui est de la période débutant après la Seconde Guerre mondiale, la coexistence de ces différents facteurs est inédite.

« Crise » fait partie de ces mots qui sont comme polis, aseptisés par la répétition et, deux ans après le début de l'épidémie, c'est sans conteste un mot usé. Les dates s'entrechoquent. L'anachronisme n'est jamais loin qui consiste à juger des décisions prises à un moment donné avec les connaissances dont on dispose plusieurs mois plus tard, ou à ressaisir toute la chronologie d'un seul bloc alors que, d'une vague à l'autre, nous n'avons cessé d'adapter les réponses.

Car, avec sa longueur ponctuée d'accélérations violentes puis de faux plats nombreux, la crise nous a comme plongés dans un *Désert des Tartares* à attendre la furie des attaques à venir, dans une étrange drôle de guerre, à entendre des bruits sourds sans savoir s'ils sont les prémices immédiates de la déferlante ou encore des signaux faibles et lointains… Les temps de respiration deviennent, qu'on le veuille ou non, des temps de retour sur soi, sur l'action que l'on conduit. Et par ailleurs, il existe de multiples occasions où il vous est enjoint de replonger, alors que vous pensiez pouvoir passer, provisoirement, à autre chose.

Que l'on ne s'y trompe pas, la plongée n'est pas en l'espèce un loisir, une activité récréative. Il ne s'agit pas simplement d'écrire à sa table, dans une posture de recul intellectuel, professionnel et affectif. Non, certaines sensations sont présentes dans leur nudité initiale. Il y a comme une forme de nécessité à se repasser mille fois des images, à leur appliquer le principe de rumination des clercs médiévaux, telle une psalmodie, pour pouvoir, ou tenter à tout le moins de le faire, domestiquer des souvenirs et des images.

Car la plongée, parfois, souvent, est simplement subie. Comme dans un cauchemar d'enfant, une main vous appuie sur la tête et vous force à remettre le visage ou le corps entier dans l'eau froide. Vous ne maîtrisez pas le temps, vous ne disposez pas totalement de vous-même.

L'audition par les commissions d'enquêtes parlementaires, sous serment, n'est pas un moment anodin, mais surtout la simultanéité des procédures pénales, conduisant parfois à des questions sur des sujets que je venais de traiter quelques heures plus tôt ou que j'aurais été en train de traiter si je n'étais pas entendu comme témoin pendant ces heures-là, m'ont conduit à apprendre tout cela, souvent par cœur. Je bute aujourd'hui encore sur les mêmes chiffres que je dois vérifier, parce que telle ou telle information refuse de prendre place dans ma mémoire alors que tant de choses inutiles y sont si tranquillement installées. Ce sont des centaines de pages de chronologies, des listes de décisions que les équipes ont documentées. Enfin, parce que nous savions que l'incertitude deviendrait le maître mot de ces années, face à elle, nous conduisions en permanence des retours d'expérience, pour adapter, ajuster, corriger, améliorer. À chacune des blessures a correspondu un rebond. C'est, au fond, le seul point positif que sa durée nous a offert.

Mais il faut aussi être lucide : cet inédit-là, sans devenir la norme, a toutes les raisons de se reproduire, non pas nécessairement sous la forme d'une pandémie mondiale mais par exemple d'une déstabilisation globale de la société liée à la dégradation de l'environnement, au réchauffement climatique… L'organisation en « mode crise » devient un des éléments constitutifs de nos sociétés contemporaines où les dangers se multiplient. Il est sans doute banal de l'affirmer : nous sommes soumis à une masse de risques qui n'est probablement pas inédite. Ce qui est inédit, en revanche, c'est l'interdépendance entre ces risques : entre environnement et technologie, entre risques sanitaires et activité humaine, évidemment dans le contexte d'enjeux géopolitiques dont on avait sans doute sous-estimé le poids.

En se penchant, fût-ce grossièrement, sur ce que notre pays et même notre continent ont traversé depuis quinze ans, on en vient vite à la conclusion que tout ce qui était écrit – dans les programmes politiques, les feuilles de route des ministères, les plans de transformation des différentes politiques publiques – a été percuté par de violents imprévus. La crise financière, la menace terroriste ou la crise sanitaire ont toutes, à leur manière, souligné que le déploiement de l'action publique aurait été tout autre si ces chocs exogènes n'étaient pas intervenus. Elles ont imposé leur agenda, instauré un rapport au temps différent. Ces impacts ont ébranlé l'État dans ses fondements mêmes, en lui imposant de renoncer à sa capacité à se projeter dans la longue période et à adapter – en temps réel – sa manière de protéger.

Sans être futurologue, et *a fortiori* collapsologue, il est difficile de voir comment nous échapperions collectivement à d'autres événements majeurs. Et le débat met en jeu plusieurs questions essentielles, que la crise sanitaire a posées avec crudité et acuité.

Comment notre système démocratique et les institutions peuvent-ils se protéger des coups de boutoir portés par les crises ? Comment la puissance publique s'organise-t-elle pour ne pas être phagocytée ? Comment faire face à ce qui se joue dans l'urgence, sans abandonner des enjeux de long terme que l'on retrouvera nécessairement à l'issue de la phase critique ? Comment garantir la transparence démocratique sur les enjeux de ce qui se joue et, simultanément, se doter des outils les plus efficaces pour juguler ces coups de mer ? Comment s'y prendre, à la fois individuellement et collectivement, pour faire face et traverser la peur ?

La crise est une forme de radicalisation de sujets que l'on devinait ou connaissait déjà : la perte de confiance, la dilution du vrai et du faux, la suspicion, le poids de l'immédiat… et les enseignements que l'on doit en tirer ne vaudront pas que pour les prochaines catastrophes, c'est la force dialectique de chacun de ces moments que de produire aussi du neuf, que de permettre de construire plus vite des réponses, que de réviser certaines priorités.

Après « le vieux », après « la crise », il y a « le neuf », pour reprendre ce célèbre mouvement ternaire inspiré de Gramsci.

Mais le neuf n'est pas simple à faire advenir. Le neuf ne s'impose pas par le biais de je ne sais quelle main invisible. Il draine avec lui son lot de contradictions. Ce qui est certain, c'est que pour qu'il advienne, il faut poser un regard lucide, mais pas désenchanté, sur ce qui a été traversé. Ce qui est tout aussi sûr, c'est que l'État a un rôle central à jouer, car lorsque le neuf apparaît, il porte en lui des forces, en apparence contradictoires, par exemple dans le rapport entre la puissance publique et les acteurs privés, qu'il faut parvenir à dépasser.

En choisissant ce terme de boîte noire en sous-titre, je force sciemment le trait. Mais je suis convaincu que la crise démontre définitivement quelque chose que nous devinions déjà : la survie de notre contrat social démocratique suppose de se dire un peu plus, un peu mieux, comment les choses de l'État se jouent, les décisions se prennent, les intuitions se construisent et ne procèdent pas d'un génie ou d'une folie individuels… Il ne s'agit plus simplement de s'engager sur un résultat mais de dire le chemin, les moyens, le process. La démocratie a besoin de cette lumière sereine sur son fonctionnement si elle ne veut pas être prise dans le faisceau blafard du projecteur des populismes. Il faut savoir dire, y compris ce que l'on ne maîtrise pas. La nécessité et la contingence sont un couple indissociable, la visée politique et les contraintes de l'exécution en sont un aussi. Le cacher, nier la complexité propre de cette partie de l'exercice, ce serait s'offrir à la recherche de boucs émissaires faciles ou à celle de forces obscures qui expliqueraient les erreurs ou les échecs.

Comprendre l'État c'est aussi comprendre et retrouver peut-être confiance en la démocratie. C'est discuter la méthode. C'est la mettre en question et sans doute l'améliorer car elle doit faire l'objet elle aussi d'une appropriation démocratique.

C'est l'objet de ce livre que de tenter cette plongée. Ce n'est une exploration que d'une infime partie des eaux profondes. C'est une brique dans un travail de longue haleine.

Mais avant d'aller plus loin, sans doute faut-il en dire un peu plus sur le guide et sur la fosse océanique que nous allons explorer.

Chapitre 1

TÉMOIGNER

Ce texte est un témoignage. Partiel, partial et donc qui ne s'entourera d'aucune autre « objectivité » que celle que je crois être la loyauté vis-à-vis de toutes celles et tous ceux avec qui j'ai fait face à cette crise. Témoignage, cela signifie aussi prendre le risque de l'intime. Et en l'espèce, l'intime et le technocratique se mélangent, ou se répondent, car c'est bien avec tout ce dont on est fait, sa personnalité, son histoire, sa culture, sa filiation et ce que l'on a appris, comme responsable public, dans des fonctions différentes, que l'on construit sa réaction aux événements. C'est pour cela que j'assume le « je ». Pour cela aussi sans doute que, comme avant toute déposition, il convient de décliner son identité.

J'étais directeur général de l'agence régionale de santé (ARS) d'Île-de-France lorsque le Covid-19 a déferlé pour la première fois en France à l'hiver 2020. Comme représentant du ministère des Solidarités et de la Santé, j'ai piloté la crise sanitaire pendant vingt mois sur le territoire francilien. J'ai ainsi connu la première vague – celle qui a fait basculer en quelques semaines le monde dans un chaos sans précédent. Puis la deuxième vague à l'automne 2020, précédée de la mise en place d'une stratégie « tester – alerter – protéger » à grande échelle. J'ai été en charge, avec les préfets d'Île-de-France, du déploiement de la vaccination dès janvier 2021, et j'ai continué à superviser l'ajustement capacitaire de l'offre de soins pour faire face aux troisième et quatrième vagues. J'ai demandé à quitter mes fonctions lorsque cette dernière vague a reflué, tandis que les niveaux de vaccination atteignaient les objectifs fixés quelques mois plus tôt par les autorités politiques. Le Conseil des ministres a donc mis fin à ma mission à la date du 9 août 2021.

Ce « je », c'est celui d'un haut fonctionnaire, dont le passé de professeur d'histoire-géographie n'est pas si loin, qui a croisé de nombreuses crises, à la Ville de Paris et surtout à Matignon, qui exerce quand le Covid fait son apparition ses fonctions de directeur général de l'agence régionale de santé d'Île-de-France depuis moins d'un an et demi. Ce « je », c'est celui du responsable de l'agence de l'État qui pilote le système de santé et médicosocial en Île-de-France, la plus grosse des ARS avec un peu plus de 1 100 agents répartis entre le siège et les huit délégations départementales de la région.

L'ARS, c'est au fond une administration chef de file, qui fait le lien entre les acteurs de terrain et les orientations nationales. Et la crise a me semble-t-il bien illustré ce rôle. Les réponses apportées en Île-de-France ont été le fruit de dizaines d'échanges par jour avec les équipes du ministère et de Matignon, comme avec les équipes des hôpitaux ou les professionnels libéraux, ou les fédérations représentant les EHPAD. Souvent, nous les avons prises en application d'instructions nationales par nos collègues du ministère ou les autorités politiques ; parfois, nous les avons mises en œuvre « en avance », tout simplement parce que l'épidémie nous a touchés plus violemment et généralement plus vite que d'autres régions. À la question qui m'est souvent posée de savoir s'il y a eu des moments où j'aurais fait autrement et si j'ai été en désaccord avec certains arbitrages pris par mes tutelles, je suis toujours bien en peine de répondre quelque chose de croustillant. Régulièrement je bougonnais ou m'énervais mais l'on finissait toujours par se convaincre dans un sens ou dans l'autre. Jamais il n'y eut de cavalier seul. Jamais il n'y a eu le terrain d'un côté et les hautes sphères de l'autre. S'il a pu y avoir désaccords, je pense qu'ils étaient éclairés par les enjeux et les contraintes de chacun et que personne n'était enfermé dans le déni. La seule chose que je peux dire de façon un peu solennelle, c'est que le législateur avait confié aux ARS des compétences, et que nous les avons exercées dans leur totalité.

Quand j'évoque l'ARS, j'évoque donc un rouage, certes clé, mais pas solitaire, chargé de coordonner et de piloter mais qui n'a de sens que par sa place dans le réseau qu'il anime, celui des établissements de santé sur lesquels l'agence exerce une « tutelle », celui des EHPAD, celui des professionnels de santé en général. Et souvent ce sont des expériences conduites, inventées, parfois même face à notre scepticisme, par certains de nos partenaires, qui nous ont finalement convaincus. Le mot même de « tutelle » n'est pas le bon. Nous avons dialogué en permanence, le ton est parfois monté mais à la fin nous savions que nous devions nous convaincre mutuellement et qu'il n'y avait pas de place pour de purs arguments d'autorité. À l'AP-HP bien sûr, mais aussi dans tous les hôpitaux de la région, dans les centres de santé, dans les communautés professionnelles territoriales de santé, dans les structures d'hébergement pour personnes âgées ou handicapées, évidemment dans de nombreuses collectivités, une part de notre travail consistait à repérer les initiatives des uns ou des autres, par exemple dans les liens entre services des hôpitaux et médecins de ville, ou à identifier les populations les plus à risque. Il s'agissait aussi de mobiliser et donner toute sa place au rôle indispensable des associations, qui n'ont jamais fait défaut, qui se sont engagées dans cette bataille avec la force de leur professionnalisme et de leurs convictions, sans être juste des opérateurs de l'État mais des acteurs de la société civile portés par une dynamique propre. Avec elles aussi, nous avons appris à inventer.

Bref, j'aurais échoué à partager ma conviction si ce livre était lu autrement que comme la restitution partielle d'une aventure collective, sans appropriation des réussites... ni délestage des erreurs !

Quand le Conseil des ministres m'a nommé directeur général de l'agence régionale de santé d'Île-de-France à l'été 2018, je savais ma mission : organiser la prise en charge et la préservation de la santé des habitants de cette région. Il n'y a aucune forme de démesure dans cette affirmation. J'étais nommé comme technocrate en chef, mais je savais aussi, c'est ce que m'avaient explicitement demandé les différentes autorités politiques en me nommant, qu'il fallait incarner, au sens plein du terme, donner de la chair, à la fonction.

Et quand la crise est arrivée, quand tous les voyants se sont mis au rouge, j'ai pensé, nous avons pensé, que nous n'y arriverions peut-être pas.

Directeur général de l'ARS, j'exerce une fonction qui se situe à la frontière entre l'administratif et le politique. À la fois en charge de l'organisation du système de soins, de sa performance et de son efficience, le DG de l'ARS valide ainsi tous les projets de budget des hôpitaux, c'est l'agence qui finance elle-même ou porte auprès du ministère les projets d'investissement des établissements. C'est, pour les structures de santé publiques, l'ARS qui évalue les directeurs et fixe leurs objectifs. En Île-de-France, ce sont ainsi 350 établissements hospitaliers publics ou privés qui relèvent de l'agence. Le plus important d'entre eux est évidemment l'Assistance publique-Hôpitaux de Paris. L'AP-HP, ce sont 39 hôpitaux regroupés dans le plus grand centre hospitalier d'Europe. Les relations sont quotidiennes et les enjeux rapidement très lourds, mais les règles sont les mêmes qu'avec les autres hôpitaux : l'agence est l'interlocuteur à la fois pour les enjeux financiers, pour les projets d'investissement, pour les autorisations d'équipement comme des scanners ou des IRM…

Si elles sont héritières en partie des agences régionales de l'hospitalisation, les ARS ont justement vocation à élargir l'approche de la santé et c'est là le grand changement opéré à leur création. Ainsi, l'agence organise les politiques de prévention et de santé publique, notamment en matière de santé environnementale, ou finance les politiques de lutte contre le VIH-sida, développe des campagnes pour lutter contre les inégalités, pilote la transformation de l'offre pour permettre une plus grande inclusion des personnes vivant avec un handicap, finance et contrôle la prise en charge médicale des personnes hébergées dans les 700 EHPAD de la région… Évidemment, c'est aussi une mission très concrète de préparation à la crise sur les grands risques qui pourraient nécessiter la mobilisation massive du système hospitalier. Le risque terroriste, le risque chimique et bactériologique, le risque infectieux ou d'autres aléas, comme une inondation majeure ou une coupure durable de l'électricité. Ce ne sont pas des schémas dans le vide, des travaux théoriques, il s'agit concrètement de savoir où et dans quelles conditions seraient accueillis 100, 200, 500… malades, selon quels circuits, selon quelles procédures de régulation médicale, avec quels moyens en renfort, avec quels équipements de protection, dans quels hôpitaux en priorité… C'est ainsi que le plan Orsan (organisation sanitaire exceptionnelle) consacré précisément au risque infectieux et que mes équipes avaient fini d'élaborer fin novembre 2019 définissait des établissements de santé de référence qui ont été précisément les premiers mobilisés : Bichat, Pitié et

Necker, avec l'appui des hôpitaux d'instruction des armées. Très vite cependant, le travail de l'agence a consisté à identifier des hôpitaux de deuxième ligne, puis de troisième et de quatrième ligne face à l'afflux des malades Covid.

Au total, si je m'en tiens à une donnée chiffrée assez parlante à elle seule, ce sont 8,5 milliards d'euros attribués par l'État dont le directeur général de l'agence est l'« ordonnateur », ce qui signifie qu'il est celui qui décide de leur allocation, que ces crédits viennent des budgets de l'État ou de la Sécurité sociale. La masse des dépenses annuelle de santé en Île-de-France s'élève globalement à plus de 35 milliards d'euros.

C'est cette approche globale de la santé, partant de la prévention et de la promotion de la santé et allant jusqu'à la prise en charge des plus dépendants, en passant par l'organisation du système de soins lui-même ou la préparation aux crises sanitaires, qui fait l'identité même des ARS.

Quand la crise débute en 2020, les agences n'ont pas 10 ans. Ce sont encore des structures récentes qui bien souvent ne sont connues que dans des situations de tension : quand une pollution des sols oblige à la suspension d'un chantier de construction, quand plusieurs cas de tuberculose ou de méningite sont repérés dans tel ou tel quartier, quand des hôpitaux ou des services doivent être fermés, le plus souvent par manque de personnel. Le reproche qui est fait à ce moment-là est toujours le même : celui d'une approche technocratique. Il faut s'arrêter un instant sur ce mot.

Il est à la fois factuel et se veut presque infamant. Le technocrate est vu comme celui qui applique de façon aveugle des règles ou des décisions venues d'ailleurs, « d'en haut ». On ne peut pas s'en défendre totalement. Parfois, les administrations doivent appliquer des règles avec rudesse : ce n'est pas parce que l'on se situe aux frontières de l'Île-de-France, à 70 kilomètres de Paris, que l'on peut maintenir un service en fonctionnement quand un médecin qualifié n'est pas présent en permanence et que le tableau de garde n'est donc pas complet. Notre responsabilité, c'est d'assurer la sécurité et la qualité des soins. Et toutes les autorités publiques sont dépendantes de la fameuse démographie médicale et paramédicale : sans professionnels on ne peut pas faire tourner un hôpital. Le reproche de technocratie est parfois fondé et il arrive souvent, sur la sollicitation d'un élu, de soignants ou même de collectifs d'habitants, que l'on trouve des solutions provisoires, imaginatives, sans leur donner d'ailleurs suffisamment de publicité.

Le directeur général de l'ARS n'est cependant pas qu'un administrateur en chef. Nommés en Conseil des ministres, à la « discrétion du gouvernement », la plupart des DG sont des hauts fonctionnaires, certains sont médecins, tous ont croisé les enjeux de santé dans leur carrière, sans en être forcément des spécialistes. C'est mon cas. J'ai été pendant deux ans directeur adjoint du cabinet du Premier ministre, avec dans mon champ de responsabilité le suivi des ministères sociaux, au premier rang desquels celui des Solidarités et de la Santé. J'étais aussi « conseiller social » à Matignon, ce qui signifie que j'étais l'interlocuteur quotidien des syndicats sur tous les sujets. C'est cette double expérience qui a conduit la ministre Agnès Buzyn à me confier une mission en mars 2018 sur l'évolution des métiers des soignants à l'hôpital, me donnant ainsi l'occasion d'une plongée passionnante dans le secteur et de centaines de rencontres qui ont nourri largement mon approche de ces sujets.

Administrateur oui, mais pas que cela. Nos métiers sont aussi, par essence, politiques. Nous portons et construisons une politique de santé adaptée à la région, en cohérence évidemment avec les objectifs nationaux mais dans le dialogue aussi avec les élus des territoires.

À la vérité, l'ARS d'Île-de-France accentue encore cette dimension par la masse des enjeux dans une région de plus de 12 millions d'habitants, le poids des élus, la violence des inégalités de santé qui la traversent. C'est d'ailleurs pour cela que c'est Claude Évin, ancien et emblématique ministre de la Santé, qui fut le premier directeur général de l'agence en 2010, afin justement d'avoir ce double regard de fin connaisseur des rouages de l'administration et de la politique. Sans me comparer à Claude Évin, et plutôt dans la même veine que mon prédécesseur direct Christophe Devys, lui aussi issu du Conseil d'État et ayant servi en cabinet ministériel et à l'AP-HP, disons que j'étais partie prenante d'un réseau d'interconnaissances intenses. Par mes anciennes fonctions ou par mon parcours, je pouvais avoir des liens directs avec des responsables politiques de tous bords, au premier rang desquels les ministres, le Premier ministre et même, s'il le fallait, le président de la République. Il ne s'agit pas là de surévaluer ma place et mon rôle mais d'essayer d'éclairer comment se jouait au quotidien l'exercice de l'État dans cette crise.

Il me semble que formuler cela est essentiel dans une période où la défiance est aussi forte : par où passent les décisions ? Qui les prend ? Sous l'influence de qui ? Pourquoi quelque chose qui paraît évident n'a-t-il pas été fait ?

Ne pas éclairer le fonctionnement quotidien de l'État, ce serait laisser l'espace libre à toutes les théories ou approximations. Sur cela, comme sur d'autres sujets, il me paraît indispensable pour la démocratie d'ouvrir la boîte noire au risque de laisser grandir et prospérer des lectures qui, au fond, fragilisent sciemment notre contrat social en faisant peser sur lui le soupçon du complot ou de l'inconséquence. J'écris « sciemment » car s'il y a évidemment des critiques légitimes et certaines totalement fondées sur l'action qui a été conduite, il y a eu, il y a parfois encore, dans le caractère systématique et la violence de certaines d'entre elles, une composante idéologique qui considère que l'État démocratique est impuissant face au danger. On peut souffrir ce débat mais pour qu'il soit crédible, encore faut-il savoir de quoi l'on parle précisément et comment fonctionne cet appareil qui s'appelle l'État.

Au cours de la crise sanitaire, très concrètement, ce sont des centaines de SMS ou d'e-mails qui étaient échangés chaque jour, avec les cabinets, entre DG d'ARS, avec les préfets, pour partager nos alertes, tester des idées et des solutions, faire remonter des innovations. Cela pouvait aller de dialogues sur des orientations très générales, comme l'on recueille l'avis de quelques personnes avant de prendre une décision lourde pour sa vie, à des échanges sur des sujets très concrets : le ministère vient de se procurer x respirateurs, il en faut tant pour l'Île-de-France.

Tout cela n'a pas transité par des notes formelles, en trois exemplaires, présentées solennellement dans un parapheur. Ce furent la plupart du temps des lignes courtes, des interrogations directes, des retours immédiats, dont il ne restera pas nécessairement de traces. C'est pourquoi l'historien que je suis resté en partie prend le temps de cette précision. C'est aussi pour cela que j'ajoute immédiatement que ce livre ne prétend pas tout dire ou tout « révéler ». Il y a des échanges que l'on garde pour soi. Mais je peux dire cependant qu'à aucun moment il n'y eut d'autocensure de ma part. Ce que je croyais utile de dire, je le disais. Je trouvais le canal pour le faire, quitte à être pénible ou agaçant. Je ne sais pas si mes alertes étaient toujours justifiées. Je m'attribuerais sans doute la moyenne, juste la moyenne. Mais en tout cas, il n'y eut pas de place pour la retenue ou la peur de dire quelque chose qui ne plairait pas. Nous étions là pour ça. C'est précisément pour cela que nous avions été nommés en Conseil des ministres : pour faire le lien direct avec l'autorité politique.

Parfois les canaux de remontée d'information sont différents. Un lieu, un moment, une ambiance permettent que des choses soient formulées peut-être différemment qu'à l'habitude et des retours d'expérience prennent la valeur de propositions qui parviennent à passer, convaincre, en tout cas à faire leur chemin. Les visites ministérielles ou présidentielles sont parmi ces moments où se jouent des interrelations, des échanges, des confrontations, dont il ne reste pas de traces visibles à l'œil nu.

Le 23 octobre 2020 reste ainsi pour moi une date importante. C'est un de ces moments où des éléments s'alignent, même de façon fragile, et produisent quelque chose d'inattendu. C'est le jour où le président de la République se rend à l'hôpital de Pontoise pour dialoguer pendant deux heures avec les équipes.

Je dois ici une confidence. Je me suis souvent demandé moi-même à quoi servaient les visites ministérielles ou des autorités politiques en général. Sans doute à montrer le corps du roi.

Sans doute aussi à valoriser la proximité des dirigeants avec les « gens ». Sans doute évidemment à valoriser telle ou telle des initiatives du gouvernement.

Cela, je l'avais bien en tête.

Cela pourrait paraître cynique. Ce n'est pas le cas. Ces trois fonctions sont essentielles, en temps de crise surtout.

Et puis, je savais aussi, pour l'avoir vécu des centaines de fois à la Ville de Paris comme à Matignon ou quand j'effectuais moi-même ce type de déplacement en tant que DG d'ARS, que l'on revient avec des situations individuelles à examiner, des solutions à trouver sur un sujet qui vous a saisi, qui vous saute à la gorge tant certains constats peuvent être crus. Et régler ces situations individuelles, avec tout ce que cela peut avoir d'arbitraire, comme mettre des images sur une situation que l'on ne connaissait qu'au travers des mots d'un dossier, c'est utile, c'est même indispensable.

Mais au fond je ne m'étais jamais totalement départi de l'idée que l'agitation que ces visites suscitaient, la préparation que cela nécessitait, étaient sans commune mesure avec l'intérêt réel de ces déplacements, sous contrôle et trop aseptisés. Je le pensais *a fortiori* pour les déplacements que j'effectuais moi-même dans des services de soins, obligeant un instant les personnels à se dégager de leur tâche. Je me sentais presque illégitime ou à tout le moins encombrant.

À la vérité pourtant, j'ai vécu dans ces visites des moments d'une telle intensité que je sais que cette approche est sévère et même fautive, car montrer que l'on s'intéresse aux situations concrètes, apprendre, mettre des images sur ces situations même lues cent fois dans ses notes sont toujours des acquis précieux. Et par ailleurs, tout simplement, la plupart des gens, même en colère, même lassés, sont d'abord et avant tout des professionnels qui forcent l'admiration et qui sont prêts à partager leurs convictions et leurs engagements.

Je savais donc que ces visites n'étaient pas là simplement pour de la mise en scène ou un jeu d'ombres politique.

Revenons à ce 23 octobre. Les visites du président sont d'une ampleur particulière. Il ne peut pas y avoir de faux pas. D'erreur. D'approximation. Il est impératif de limiter le plus possible les incertitudes car toute situation peut déraper rapidement et abîmer la fonction présidentielle.

Quelques jours avant cette date, je reçois donc une commande récurrente depuis le début de la crise : proposer des services hospitaliers pouvant accueillir une visite du président de la République. Nous sommes au cœur de la deuxième vague. Nous avançons sans grande visibilité même si nous mesurons que les choses se déroulent mieux, que les flux sont moins puissants, la tension réelle mais pas aussi paroxystique que six mois plus tôt. L'exercice de propositions à faire remonter à l'Élysée n'est jamais simple. Cela fait partie du travail de l'ARS, encore une mission qui n'était pas sur la fiche de poste. Il faut doser les contraintes : le président a-t-il suffisamment de temps ? Veut-il voir un sujet en particulier ? Il faut alterner les départements ; au cours des dizaines de visites des ministres, du Premier ministre et du président, de très nombreux hôpitaux de la région ont été le théâtre de rencontres entre soignants et autorités politiques. Dresser ces listes de propositions est une activité laborieuse, il faut identifier l'intérêt de chacun des lieux, les risques potentiels, veiller à ce qu'il n'y ait pas d'hôpitaux oubliés, connaître aussi, il faut bien le dire, le climat social sur place, la relation avec les élus… bref, une multitude de variables qu'ensuite les chefs de cabinet pondèrent et analysent avant de désigner la destination retenue.

Cette fois-là avait été différente. Je me rappelle avoir voulu convaincre que l'hôpital René-Dubos à Pontoise était le lieu où il fallait que le président se rende au cours de cette deuxième vague. Pas parce que ce serait un hôpital vitrine, net et sans bavure, bien au contraire : le bâtiment principal de cet établissement central pour tout l'ouest de la région est dans un état qui nécessitera de lourds investissements dans les toutes prochaines années. Non qu'il y ait sur place une ambiance particulièrement sereine : comme tous les hôpitaux, il fait face à des difficultés, recompose son offre de soins pour s'adapter au territoire, sans forcément avoir le soutien de tous les acteurs. Depuis mon arrivée à l'ARS j'avais eu souvent à défendre les choix élaborés par les équipes médicales elles-mêmes, conduisant à une recomposition de l'offre hospitalière publique à l'échelle de toute cette partie du Val-d'Oise qui reposait sur des évolutions assumées dans un ambitieux projet médical, mais conduisant à l'évolution de l'offre dans certains établissements, comme à Beaumont-sur-Oise. Je connaissais bien cet établissement et ses équipes car depuis le début de la crise, il était l'un des plus en pointe en matière d'accueil des malades graves du Covid. Dans le service de maladies infectieuses comme en réanimation, les équipes avaient joué un rôle exemplaire en assurant pleinement leur rôle et en multipliant par trois leurs capacités initiales d'accueil de cas particulièrement graves.

Mais si je souhaitais si fortement que le président puisse venir sur place, c'est pour qu'il mesure les avancées conduites entre la première et la deuxième vague. Grâce à l'engagement inouï du docteur Édouard Devaud, infectiologue et président de la commission médicale d'établissement, l'hôpital René-Dubos, en complément de son rôle traditionnel, était devenu une véritable plateforme aux bénéfices des professionnels de santé du territoire, partageant avec les médecins de ville leurs connaissances, déployant des protocoles de prise en charge à domicile, encourageant l'oxygénothérapie à domicile, permettant aux médecins libéraux d'avoir des contacts directs et faciles avec les spécialistes de l'hôpital. Et ces dispositifs, que l'ARS avait souhaité impulser dans tous les départements, produisaient incontestablement des résultats. Le rôle de la prise en charge précoce avec de l'oxygène paraissait non plus seulement une piste prometteuse mais un moyen réel d'éviter une partie des formes les plus graves. Rien de miraculeux évidemment, mais la démonstration simple et directe que nous apprenions depuis des mois et que la coopération ville-hôpital n'était pas juste un slogan. Enfin cet hôpital était impressionnant, car ici, comme c'est en fait je crois le cas dans la majorité des établissements, les jeux de rôles néfastes que l'on décrit parfois entre directeurs et médecins n'existaient pas. Tout le monde partageait le même objectif. Et au sein des équipes médicales, de la même manière, tout le monde était embarqué pour rendre la prise en charge plus performante et la plus ouverte possible aux autres pathologies.

Pontoise a un désavantage, c'est sa localisation. Il a fallu batailler amicalement avec les solides équipes de l'Élysée mais la visite eut lieu.

Le parti pris du président est qu'il souhaite ne parler qu'aux équipes de l'hôpital. Non en déambulant seul dans un service comme il l'a fait souvent mais, ici, en dialoguant justement sur les spécificités de cette vague, sur ce qui se passe mieux ou moins bien, sur les attentes des équipes aussi.

Dans ces cas-là, il est fréquent que durant les minutes précédant l'installation de la salle la bataille fasse rage entre les différentes autorités pour en être. Préfets, élus, directeurs d'ARS ont tous au moins une fois joué de ce coude à coude. À Pontoise ce ne fut pas le cas. La présidente du conseil de surveillance et maire de Pontoise avait eu l'intelligence et l'élégance de comprendre l'attente du président et le préfet Amaury de Saint Quentin est de ceux qui n'ont pas besoin de paraître pour agir. Il était là mais a laissé la réunion se tenir dans le format initialement calé. En l'occurrence, j'étais autour de la table, à la droite du président. Le format permettait l'échange. Les médecins avaient envie de présenter leur action, leurs idées, leurs innovations. Le président noircissait, ou plutôt bleuissait, des pages de notes. Le dialogue se nouait authentiquement. Un DG d'ARS dans ce genre de situation reste sur ses gardes car il peut toujours être victime d'une balle perdue, tel ou tel relevant que l'agence n'aurait pas répondu présent sur un point ou un autre. En l'espèce ce ne fut pas le cas. Ce fut un moment précieux. Ce fut un moment important qui montra aussi le rôle essentiel tenu dans la crise par ces hôpitaux de deuxième ligne, qui en Île-de-France, aux côtés de l'AP-HP et des établissements privés, ont accueilli 30 % des malades en réanimation.

Je sais, pour en avoir plusieurs fois reparlé avec lui, que le président a entendu ce jour-là des choses qu'il n'avait jamais entendues ainsi. Il avait dû les lire, mais la force de conviction de tous ceux autour de la table donnait à voir la solidité de cette armature hospitalière publique qui avait tenu face aux différents assauts. Je crois que les quinze personnes présentes ce jour-là dans la salle ont gardé un souvenir très fort de ces heures.

Sans doute ne savent-elles pas que, pour ma part, une partie de ce temps fut consacrée à ravaler ma honte face au trou béant qui s'était ouvert sur le coude gauche de ma veste de costume. Je pensais que tout le monde ne voyait que cela et, tel Adrien Deume dans *Belle du Seigneur*, j'aurais voulu fuir après une bévue anodine dans un des longs couloirs de la Société des Nations.

C'était aussi ainsi, de façon empirique, que les autorités se nourrissaient de la réalité du terrain. Je l'ai vu faire chez tous les responsables politiques que j'ai servis. Pour que cela fonctionne, il faut cependant une condition indispensable : aimer les gens, pour être prêt à les entendre vraiment. On ne fera jamais de typologie rigoureuse distinguant ce qui procède du dialogue établi lors d'une rencontre ou d'une visioconférence de ce qui vient par contre de la lecture d'une note ou d'un article, ou de ce qui provient d'un échange de SMS tardif avec un fonctionnaire ou un élu, mais c'est selon ces diverses modalités que se partage et se tamise l'information et que se construit la décision politique.

Une journée méticuleusement organisée explosait facilement sous les coups de l'actualité, d'une visite, d'une polémique. Mais c'était toujours, simultanément, la prise de centaines de décisions administratives pour régler des situations remontant des établissements de santé ou de nos directions, mais également des échanges directs et francs avec les cabinets ministériels ou les responsables politiques eux-mêmes. Il n'est pas rare que j'aie reçu de la part des uns ou des autres un « Dis-moi franchement ce que tu en penses », ou un « Tu penses que c'est jouable ? ». De même, il était très fréquent que des élus m'écrivent pour me signaler un problème ou me demander de venir voir sur place une initiative qu'ils avaient prise avec les équipes locales de l'ARS et qui fonctionnait très bien. Ce tissu de liens formels ou informels est un des dénominateurs communs des crises. C'est dans ces moments-là qu'il s'active et devient un outil décisif qui peut faire la différence.

Si je n'avais pas travaillé en confiance avec Lamine Gharbi, le patron de la Fédération de l'hospitalisation privée lorsque j'étais à Matignon, fût-ce en échangeant âprement sur les tarifs appliqués à l'hospitalisation privée, je pense que nous n'aurions pas mis en place une coopération public-privé aussi puissante dans la région.

Si je n'avais pas connu et apprécié Marie-Emmanuelle Assidon, préfète, secrétaire générale de la zone de défense de Paris lorsqu'elle était conseillère spéciale de Bernard Cazeneuve à Matignon, et tellement ri avec elle, sans doute la fluidité – voire la complicité – de la relation entre nos institutions, l'ARS et la préfecture de police n'aurait-elle pas pu se mettre en place.

C'est vrai également pour de nombreux élus que j'avais croisés pendant mes années à la Ville de Paris, que ce soit à Paris même ou dans les autres départements de la région, que pour certains je connaissais depuis vingt ans. Les conversations parfois tendues n'ont avec la plupart jamais altéré une confiance construite au cours du temps.

Certains diront que tout cela est une forme d'entre-soi. C'est évident. Mais un entre-soi non partisan, où se côtoyaient des figures de droite comme de gauche, un réseau noué dans l'État mais aussi dans les collectivités, des connaissances aussi qui m'ont permis de savoir que dans certains domaines les compétences n'étaient pas chez nous. Je pense au samedi après-midi où j'ai appelé le général François Lecointre, chef d'état-major des armées et ancien chef du cabinet militaire à Matignon, puis Philippe Wahl, président de La Poste, pour que l'un et l'autre nous aident sur les défis logistiques. Chacun d'eux l'a fait dans les heures ayant suivi nos échanges. Ces liens furent précieux. Indispensables même. Tous contribuèrent à la gestion de cette crise. C'est aussi ce qui explique la différence qu'il peut y avoir d'une région à l'autre ou d'une période à l'autre. J'avais la chance d'être en poste depuis presque un an et demi quand tout cela a commencé. Je connaissais mes interlocuteurs et nous savions les uns et les autres à qui nous avions affaire.

D'une certaine manière, et je sais ainsi que je nourrirai les réflexions de l'historien Stéphane Audoin-Rouzeau sur le retour du vocabulaire lié à la guerre, et notamment au premier conflit mondial, lors de cette pandémie, j'étais une sorte de général chargé de tenir un des fronts du conflit, celui de la plus grande région française ; je devais rendre compte à mes chefs par tous canaux, je pouvais bénéficier de liens amicaux ou professionnels liés à des années passées comme officier d'état-major mais, ce coup-ci, j'étais sur le terrain. Protégé, évidemment, pas au contact direct de la violence de la mort comme l'étaient les soignants, mais avec en tête, en permanence, nos capacités et la crainte que l'assaut du virus finisse par nous submerger.

Je veux aussi le dire tout de suite : je n'ai pas voulu, même si l'inconscient s'en charge nécessairement en partie, écrire une justification de l'action conduite par les ARS, dont l'action a pu être parfois sévèrement critiquée. Il ne s'agit pas pour moi de reprendre toutes les têtes de chapitre de ce qui a fonctionné ou n'a pas fonctionné, de répondre aux attaques, d'essayer de cocher toutes les cases pour porter la parole de l'institution que j'ai eu l'honneur de diriger. Certains sujets, qui nous ont occupés jour et nuit, au sens propre, ne seront pas abordés, non par pudeur ou par gêne, mais parce qu'au fond, même s'ils ont été rudes, violents parfois, même s'ils ont pu contribuer à la colère et à l'épuisement, avec le début de recul que je commence à avoir, je les ai estimés plus circonstanciels. Par ailleurs, d'autres travaillent à l'analyse, à charge et, je l'espère, aussi à décharge, de notre action. Cet exercice leur appartient.

Je revendique donc ce mélange de personnel et de professionnel, d'impressions et de quelques convictions. Il s'est, à la vérité, imposé à moi. Car cette crise, celles qui ont précédé et celles qui la suivront, au-delà de ce qu'elles nous apprennent sur la transformation du rôle et de la place de l'administration, sur la parole politique, sur les moments que nous traversons, doivent aussi nous faire évoluer dans notre façon de faire vivre la communauté des serviteurs de l'État. C'est pour cela que je prends le risque, en assumant un ton plus personnel, de dire comment j'ai vu évoluer mon propre rôle de responsable public. L'exercice serait au mieux vain ou dérisoire si je ne croyais pas que certains éléments ont une valeur qui dépasse tel ou tel d'entre nous et nos expériences respectives.

C'est là que l'exercice du témoignage devra s'éprouver un peu plus fortement, qu'il faudra le soumettre à une température et à une pression plus fortes, pour voir si les intuitions qui en découlent tiendront sous forme de grille de lecture plus générale. C'est là aussi que je souhaiterais forer un peu plus profondément des questions en apparence plus techniques ou plus arides, mais qui me paraissent particulièrement illustratives, en matière d'utilisation des données, de réarmement des politiques de santé publique ou de management.

Un dernier mot peut-être avant de remonter le toboggan. J'évoque la boîte noire, je dis que je vais l'ouvrir et l'éclairer avec un regard personnel. Mais le contrat doit être clair, transparent même : tout ne sera pas dit ici. Tout ne peut pas l'être, car bien souvent les échanges sont faits d'hésitations, d'hypothèses, d'erreurs que l'on corrige collectivement sans bien souvent savoir qui a proposé la solution pertinente à l'issue de l'échange collectif. Tout ne peut pas être écrit car les SMS échangés à la volée, la nuit parfois, les échanges en marge d'une visite ministérielle ne peuvent être pris que pour ce qu'ils sont : une part d'une réalité plus globale qui m'échappe, celle par laquelle les plus hautes autorités de l'État construisent leurs analyses et leur point de vue, non en mettant en concurrence les uns et les autres, non pas en classant ceux qui seraient fiables d'un côté et les autres plus loin, plutôt en multipliant les coups de sonde, en se nourrissant d'avis de personnes dont, le temps passant, ils connaissent mieux la personnalité et pondèrent dès lors leurs avis d'un coefficient d'optimisme ou de pessimisme. Je l'ai dit, j'ai souvent été le destinataire de ces « coups de sonde », parmi d'autres. Je ne sais pas quelle part mes réponses ont eue sur les choix qui ont été finalement opérés. La synthèse de l'information, la capacité à se nourrir, presque de façon boulimique, d'informations diverses, c'est ce qui permet de faire émerger des intuitions. Mais les intuitions n'ont rien de magique, elles sont souvent « simplement » le fruit d'un travail d'analyse d'un nombre impressionnant d'informations recueillies à 360 degrés, alors que bien des acteurs n'ont qu'une vision partielle. C'était mon cas, par exemple, sur l'approche géographique, qui n'allait pas au-delà des frontières de l'Île-de-France : des décisions rationnelles à cette seule échelle pouvaient ne pas l'être à celle de la France entière, ce qui nécessitait un travail spécifique d'explication de la part du politique. En un mot, je crois que ceux qui disposent réellement de cette vision globale sont peu nombreux et, sur certains des choix les plus difficiles, dire que l'on a été consulté, c'est souvent tenter d'imposer son rôle central dans le récit. Je préfère ne pas prendre ce risque, tout en éclairant comment, par moments, je pense avoir assisté à la consolidation de certaines orientations politiques majeures, voire, sur certaines, avoir contribué à les faire émerger.

Chapitre 2

REMONTER LE FLEUVE

On cherche souvent à retrouver le premier moment. C'est vrai dans de nombreuses occasions de nos vies. C'est vrai pour les rencontres avec les gens qui comptent le plus, où l'on voudrait se souvenir du premier échange d'un mot ou d'un regard ou déceler, dans des moments plus douloureux, les premiers signes d'une maladie ou d'un éloignement.

On voudrait savoir dater le début. Le début de tout. Trouver un moment initial pour poser à l'autre bout le moment final, pour pouvoir écrire le mot « fin ». Ce réflexe est encore plus fort sans doute chez ceux qui, comme moi, ont les dates en passion, qui aiment découper des courtes ou longues périodes et en déduire une forme de nécessité qui s'élèverait au-dessus des contingences.

Pour le Covid-19, je ne sais pas dire précisément quel jour cette réalité a fait irruption dans ma vie. Je dis « réalité » car, au fond, ce risque peu connu ne s'est appelé Covid-19 que tardivement, « épidémie » encore un peu plus tard et le genre féminin ne s'est imposé quant à lui que bien après. Je dis aussi « ma vie », sans un adjectif qui tout de suite basculerait du côté du « professionnelle », car au fond, ce sont nos existences tout court qui ont été percutées par l'épidémie. Pendant ces mois, pour beaucoup de ceux qui ont été impliqués dans la gestion de la crise, la distance entre le personnel et le professionnel, la séparation entre la sphère publique et la sphère privée, s'est largement effacée.

Si l'on cherche du côté des mots, je pense que la première qualification fut « un virus » et pour les plus savants d'entre nous « un coronavirus », avec un pronom indéterminé.

C'est évidemment autour du début de la seconde quinzaine de janvier, car on parvient à dater le moment où notre machine s'est mise en mouvement pour faire face. Mais le jour, l'heure où ce virus est clairement apparu dans une conversation, une note, un écho, je n'en ai pas le souvenir. À partir du 20 janvier oui, la chronologie se fait très nette. Là, je sais pister la prise de conscience. Et je dois dire qu'avec le recul de quelques mois, en essayant d'être le plus lucide possible sur notre action, je pense que nous avons rapidement compris l'ampleur du risque. Mais, je vais trop vite, il faut respecter le rythme d'une aventure.

Le « compte rendu d'activité » de la direction de la veille et de la sécurité sanitaire de l'agence que je lis au cours du week-end du 18 janvier me fait part de l'alerte de la direction générale de la santé du ministère tombée dans la semaine qui mentionne ce nouveau virus. Le lundi et le mardi, je demande un point aux équipes pour en savoir plus. Je sollicite d'ailleurs le préfet de région le mardi 21 au soir, pour pouvoir évoquer le sujet lors du comité de l'administration régionale qui, une fois par mois le mercredi matin, voit se réunir tous les préfets de la région et les patrons des grandes administrations. J'évoque ce sujet, comme un risque, comme un risque grave, sans savoir à l'époque si je m'emballe et si cette crainte va se vérifier. Il faut toujours se méfier des alertes, aussi, paradoxalement, parce que les multiplier sans que le risque se réalise peut vous faire basculer du côté de *Pierre et le loup*, et les dernières années ont été marquées par ce type de mises en garde qui, finalement, ne se sont pas transformées en catastrophes. Si on alerte trop, on n'est rapidement plus entendu !

La fin de cette semaine est marquée par l'hospitalisation des deux premiers malades à Bichat. Il s'agit de deux touristes chinois, dont les symptômes évoquent ce virus, confirmé en quelques heures par l'analyse virologique. Dès ce vendredi soir sont envoyés auprès des malades des médecins de veille de l'ARS jusqu'à une heure avancée de la nuit pour engager « l'enquête », remonter chaque étape de leur séjour parisien, appeler les vendeurs du Bon Marché, de Louis Vuitton ou les serveurs des bateaux-mouches pour les faire tester si les équipes estiment qu'ils sont des « sujets contacts à risque ». Suivra vers minuit une conférence téléphonique avec le cabinet de la ministre et la Direction générale de la santé, l'AP-HP, Santé publique France… bref, la machine était lancée et le dimanche 26 janvier 2020, nous étions avec quelques collègues, très tôt, à Roissy, pour accueillir les premiers vols en provenance de Chine pour lesquels un accueil médicalisé avait été décidé en urgence la veille avec Matignon… Là se situe le premier mouvement. Le premier choc. L'impact initial. En écrivant cela, en mettant en avant cette chronologie, nulle trace d'une quelconque « prescience ».

Je crois que personne à cette date ne savait ce qui allait se passer et je regarde d'un œil suspicieux ceux qui aujourd'hui formulent des « je l'avais bien dit », alors qu'ils étaient totalement silencieux à l'époque… S'ils l'avaient dit, c'était à voix trop basse pour s'être rendus audibles.

Cependant, même si la méfiance est toujours de mise face à des reconstructions *a posteriori*, nous avions compris que ce qui se jouait pourrait nous amener loin.

Mon souvenir est précis, car ce 27 janvier était pour l'agence une date importante mais pour d'autres raisons. C'était celle d'une assemblée générale avec l'ensemble des personnels, comme tous les trois ou quatre ans, et qui se tenait cette année à la Cité des sciences. À l'origine, deux sujets majeurs devaient nourrir cette journée : d'une part, la transformation de l'agence et la reprise d'une activité plus « normale » après que le dossier « Notre-Dame de Paris » nous avait mobilisés très fortement pendant des mois ; d'autre part, le plus délicat, le sujet du déménagement de l'agence à Saint-Denis prévu à l'été 2020. C'était notre agenda. Pour autant, ce n'est par aucun de ces sujets que j'ai commencé mon intervention ce jour-là. Mais par ce que j'avais vu la veille à Roissy à 4 h 30 du matin, par ce que je le sentais monter comme un sujet majeur, sans que j'imagine un instant pour autant le tourbillon dans lequel nous allions nous retrouver en quelques semaines. C'était il y a deux ans et pourtant j'ai déjà l'impression de parler d'histoire.

Le 30 janvier 2020, l'OMS déclarait que la flambée d'un nouveau coronavirus – identifié début janvier par la Chine – constituait une urgence de santé publique de portée internationale. On avait alors signalé 98 cas, sans aucun décès, dans 18 pays en dehors de la Chine.

La période qui s'ouvre à partir du début du mois de février est d'une certaine manière paradoxale. Curieuse. C'est sans doute le mot de « drôle de guerre » qui la qualifie le mieux. C'est aussi celle qui aujourd'hui fait l'objet des relectures les plus fallacieuses.

Car au cours de ces semaines, si l'on prend le temps de s'y replonger avec les données du moment, plusieurs éléments jouent simultanément, de façon parfois contradictoire.

D'abord, nous conduisons l'exercice de montée en puissance de l'offre de soins et de dépistages. C'est un travail titanesque. Certes des plans existent mais nous anticipons dès le départ un risque que l'ampleur nous dépasse. La direction de l'offre de soins de l'agence en lien permanent avec l'AP-HP, et notamment l'un des directeurs généraux adjoints, François Crémieux, travaille à des scénarios plus dégradés que ce qui avait d'ores et déjà été étudié dans la cadre des exercices de planification.

Nous mobilisons nos forces pour ralentir et, à l'époque peut-être le pensions-nous possible, étouffer la progression du virus. Dans les modélisations classiques de la progression d'une épidémie, les phases 1 et 2 sont celles où il faut freiner l'entrée sur le territoire puis la circulation du virus, avant que n'advienne la phase 3, au cours de laquelle devrait se développer une immunité collective avec un virus touchant progressivement une part significative de la population.

C'est un combat pied à pied. La cellule de crise de l'agence est activée et le compteur des contaminations qui défile en permanence au mur est le point de fuite de tous nos regards. L'accueil des ressortissants français revenant de Chine nous occupe également. La crise a déjà imposé son tempo au sein de l'ARS, car nous sommes au cœur de notre compétence de veille sanitaire. Mais ailleurs, la vie continue. Et nous avons parfois du mal à justifier d'ores et déjà d'avoir abandonné certains chantiers qui sont habituellement notre quotidien pour réallouer des ressources sur la gestion de crise.

Or, et c'est là que chacun se doit d'éviter le piège de l'anachronisme, nous disposons de peu d'éléments venant de Chine. D'ailleurs, au milieu du mois de février, nous n'avons plus de patients Covid hospitalisés dans la région. Les prises de parole sur une forme de surréaction sont bien là et pas simplement les plus caricaturales *a posteriori*, qui parlaient d'une simple « grippette ». Nous serions-nous mobilisés pour rien ? J'hésite pour ma part durant plusieurs jours à partir à

Londres pour un week-end rituel avec mes filles, prévu depuis longtemps. Ces hésitations font sourire bien des gens. Est-ce qu'une fois encore le ministère de la Santé n'aurait pas sonné l'alarme pour rien ? Ne serions-nous pas dans l'agitation, peut-être même pour détourner le regard de la crise de l'hôpital ? Nous avons tout entendu. Moi-même j'ai nourri des doutes. Je me suis demandé si nous étions trop inquiets. Les discussions avec Jérôme Salomon m'ont cependant convaincu à chaque fois que nous n'étions qu'au début et que cela pouvait devenir grave. Notre responsabilité était de nous y préparer. Ensuite il serait trop tard. Quand je repense à la semaine du 31 mars où c'est à quelques lits que nous avons évité la saturation totale, je me dis qu'aucune de ces heures de travail invisible dans les soutes n'était de trop. Et pourtant la machine tourne déjà à un régime soutenu et n'est déjà plus simplement en chauffe.

Je voudrais arrêter le fil chronologique, mais je ne peux échapper à la force d'une dernière collision, deux ans plus tard, qui fait qu'en l'espèce certaines dates s'imposent comme une forme d'évidence dans la mémoire, tant elles relient des moments de vie.

Parfois certaines coïncidences sont tellement énormes qu'on ne les voit pas au premier coup d'œil, soit par déni, soit par réelle inadvertance. Pour ce qui concerne le 13 novembre, je ne m'en suis d'ailleurs pas rendu compte sur le coup et pourtant l'écho me paraît aujourd'hui évident.

Le *13 novembre 2015* pour tous les Français, au premier rang desquels les victimes et leurs familles, est une date indélébile. Je me souviens de la traversée de Paris, sirène hurlante, ce vendredi 13 novembre 2015, pour rejoindre Matignon vers 21 h 30, j'étais directeur adjoint du cabinet du Premier ministre. Nous foncions, avec Serge mon chauffeur, dans une ville silencieuse et vide, où le silence n'était strié que des bruits des sirènes et où seul le bleu des gyrophares semblait ponctuellement éclairer la nuit, pour rejoindre le 57, rue de Varenne plongé dans une atmosphère de sidération pendant quelques dizaines de minutes, avant que la machine gouvernementale ne soit amenée pendant les heures, les jours et les nuits suivantes à essayer de construire des réponses à l'attaque dont venait une nouvelle fois d'être victime notre pays. Comme toutes celles et ceux qui ont été ensemble durant ces heures-là, nous savons que le pays n'a pas baissé la tête et, au fond, qu'il a résisté aux assauts des ennemis de la liberté avec les outils de l'État de droit. L'État, dans ces moments, c'est à la fois une force, presque immanente, qui vous porte et vous oblige, mais ce sont aussi des femmes et des hommes qui l'incarnent à tous les niveaux, du président François Hollande au Premier ministre Manuel Valls ou au ministre de l'Intérieur Bernard Cazeneuve, comme de personnalités dont le visage est rarement dans la lumière, Véronique Bédague qui dirigeait le cabinet du Premier ministre, Renaud Vedel qui en pilotait le pôle « intérieur » ou Marc Guillaume, le secrétaire général du gouvernement. Jusqu'à ce que le Covid ne fasse irruption, le mot crise, c'était pour moi d'abord ces heures et ces visages.

Le *13 novembre 2020* est aussi devenu un jour important, car, cinq ans après, c'est aussi à cette date, encore un vendredi, que pour la première fois depuis deux mois et demi la trajectoire de progression des chiffres d'hospitalisation se retournait, n'atteignant pas le sommet des digues montées face à la deuxième vague. Ces données, nous les scrutions chaque jour, avec les directeurs d'hôpitaux et les directeurs médicaux de crise, en « stressant » nos modèles, en essayant de partager nos certitudes et incertitudes, en attente du pic, annonçant un plateau puis une décrue plus ou moins rapide. Le 13 novembre 2020 a marqué, en Île-de-France, le pic de cette deuxième vague, que l'on appelait alors seconde, ignorant que nous devrions faire face encore à plusieurs autres assauts de l'épidémie, sous forme cette fois-ci de « variants ». Je me souviens de l'arrivée des chiffres, une tendance en fin de matinée, une confirmation en début d'après-midi, le solde de malades en soins critiques et le flux entrant doivent être regardés simultanément pour être sûr. Les chiffres du vendredi sont toujours assez fiables, ce ne sont ni ceux du week-end, où il peut y avoir des retards de renseignements des systèmes d'information, ni ceux des lundis et mardis, où sont rattrapées les données des jours précédents. En un mot, c'était bien le retournement et nous avions tenu. Ce « nous » c'est le système de santé, tous les acteurs, publics, privés, soignants, administratifs, médecins, infirmiers, directeurs, personnels de l'agence régionale de santé, élus, autorités ministérielles, etc.

Entre-temps, il y avait eu des jours sombres. Les plus terribles de ma vie professionnelle et sans doute, aujourd'hui encore, de ma vie personnelle. Ces heures tragiques se concentrent sur quelques jours pendant lesquels nous ne savions pas si nous parviendrions à « faire face ».

Samedi 14 mars

L'agence ne fut pas épargnée par la maladie. Restituer l'ambiance de ces jours de la mi-mars est difficile. Le 14 mars, quand le premier cas est confirmé, nous savons tous que nous entrons dans une autre dimension de l'histoire. Nous étions tous, en permanence, en cellule de crise au cinquième étage de l'agence où se situait la salle de crise principale. Nous apprendrons très vite à mettre plus de distance, à investir les six étages du bâtiment, parfois seuls dans de grands bureaux mais, en ces premières semaines, le quotidien, c'est aussi la proximité et, de fait, la promiscuité. Quand le premier cas est confirmé, je réunis tous les agents présents ce samedi après-midi dans le hall. Nous sommes une centaine. Les visages sont graves. D'abord parce que nous craignons pour la santé de notre collègue, ensuite parce que nous savons que beaucoup sont désormais des « sujets contacts à risque ». Trois décisions sont prises : la première, de demander aux collaborateurs « à risque » de ne plus venir sur place. La deuxième, c'est de laisser le choix : tous ceux qui le veulent pourront rester chez eux et travailler de leur domicile si les fonctions en question peuvent être menées à distance. Nous apprendrons progressivement que beaucoup peut être fait de loin, mais la crise dans sa rudesse est souvent atténuée par la présence de collègues à proximité. Le lendemain, tout le monde sera là. Aucun n'a décidé de rester chez lui, simplement nous porterons des masques, en utilisant des dons qui nous ont été faits et les stocks de l'agence. Enfin, nous accélérons l'équipement en outils permettant le télétravail. Je le dis car dans les figures de la crise, on oublie trop souvent les prodiges que dans les hôpitaux ou les administrations les équipes logistiques ou informatiques ont réussi à réaliser. Mais ces mesures de protection n'éviteront pas le cluster.

Un cas, puis deux, puis trois, jusqu'à près d'une centaine de personnes malades, certaines gravement, s'approchant dangereusement de la réanimation. Très vite nous devons décider : on continue ? Les personnes cas contacts peuvent-elles venir ?

Des personnes occupant des fonctions essentielles tombent malades. Il faut parvenir à mettre de côté la peur pour elles et structurer des dispositifs de substitution. Une deuxième ligne.

J'appelle à l'aide. Sur la boucle des anciens du cabinet de Matignon j'envoie un SOS. Je le fais auprès du directeur de cabinet du Premier ministre Benoît Ribadeau-Dumas, qui mobilise différents corps de l'État. Et ce sont des dizaines de fonctionnaires, mais aussi de personnes travaillant dans le privé qui vont venir… Certaines ne sont plus reparties – magie de ces rencontres ; magie de voir l'engagement notamment de très jeunes fonctionnaires ; magie de découvrir des intelligences et des cultures différentes, de rencontrer d'autres cultures professionnelles ; magie de cette relève qui s'organise, de ce ballet. Je n'ai pas assez remercié tous ceux qui pour quelques jours, semaines ou mois, se sont jetés avec nous dans la mêlée. Nous serions tombés sans eux. D'un bloc. Comme un pan d'iceberg se détachant et tombant dans la mer dans un fracas précédant un long silence. Plusieurs fois nous ne sommes pas passés loin de la rupture mais la machine a tenu, précisément parce qu'elle n'était qu'un groupe d'hommes et de femmes qui ont été plus grands que la somme des individualités rassemblées porte d'Aubervilliers.

Dimanche 29 mars, lundi 30 mars 2020

Ce dimanche, comme plusieurs fois par jour par téléphone et des dizaines de fois par texto, nous échangeons avec Martin Hirsch, le directeur général de l'AP-HP, qui accueillera lors de chacune des vagues environ 40 % des malades en réanimation de la région. Depuis le milieu de la semaine, le solde d'entrées de malades en réanimation est intenable. Nous savons que nous sommes tout près de la saturation de nos capacités, nous savons aussi que dans quelques jours, normalement, le rythme va baisser, une quinzaine après la décision de confinement du pays. Martin a raconté cela dans son livre *L'Énigme du nénuphar*[1], avec justesse et précision. Nous prenons des dizaines de décisions quotidiennement. Nous comptons des lits, des respirateurs, des personnels. Nous adaptons la stratégie, par exemple sur la coopération public-privé, pour être certains de ne perdre aucune ressource dans la bataille. Les tableaux viraient au rouge. Les lignes qui identifiaient les besoins restaient vides pour certaines. Mais, l'un comme l'autre, nous avions besoin de voir, de partager, d'entendre les mots des soignants eux-mêmes. Nous décidons d'aller en Seine-Saint-Denis, pour poser un regard plus acéré sur la situation et soutenir les équipes. Martin passe me prendre chez moi et nous partons, accompagnés de Didier Jaffre, l'indispensable directeur de l'offre de soins de l'agence, par un temps gris et sous le crachin. Avicenne d'abord, à Bobigny. Le service des urgences est plongé dans le silence alors que l'activité est frénétique. La présence des directeurs généraux de l'Assistance publique et de l'ARS ne distrait pas un instant les équipes de leur tâche. Les yeux de chacun me paraissent fixes, les mouvements rendus presque mécaniques, chacun protégé par blouse, charlotte et gants. Le mot qui revient le plus dans les brefs échanges est « Ils sont jeunes ». Oui, c'est ce qui remonte de toutes parts et en particulier dans les

1. Martin Hirsch, *L'Énigme du nénuphar. Face au virus*, Paris, Stock, 2020.

territoires populaires, les gens qui arrivent dans l'état le plus grave sont jeunes, souvent en surpoids et dans un état déjà critique quand ils franchissent les portes de l'hôpital.

Après Avicenne ce sera la clinique du Vert-Galant, à Tremblay-en-France.

Pascal Roché, le patron du groupe Ramsay est là, avec ses équipes. La présence de Martin les impressionne. C'est bien le signe que la période est grave puisque le directeur général du plus grand hôpital public d'Europe est là, dans le bureau du directeur de la clinique qui accueille, elle aussi, des patients en réanimation. L'accueil de ce type de patients par les établissements privés est une décision difficile que j'avais prise quelques jours auparavant, chaque groupe privé s'engageant à participer à l'effort collectif, avec un niveau de qualité et de sécurité des soins équivalent aux réanimations de l'hôpital public. Chacun avait une cible chiffrée et s'il ne parvenait pas à l'atteindre, il devait mettre à disposition ses matériels et personnels dans l'établissement, public ou privé, le plus proche qui pourrait les utiliser. Certains établissements privés avaient d'ores et déjà des équipes de réanimation solides et reconnues, d'autres, plus exclusivement tournés vers la chirurgie, avaient dû transformer leurs unités post-chirurgicales, leurs unités de soins critiques ou leurs salles de réveil pour accueillir les malades les plus lourds, nécessitant notamment une intubation.

Les responsables de la clinique nous expliquent leur organisation, la multiplication du nombre de lits de soins critiques. La fierté de ce qui a déjà été accompli, de ce qu'aucun d'eux n'aurait imaginé auparavant se mêle à la peur, au vertige de l'attente du jour d'après : quand cela va-t-il enfin ralentir ? Pascal Roché détaille la mobilisation de son groupe à l'échelle nationale, pour faire venir des soignants dans la région et armer le plus grand nombre de lits. Les choses se disent dans la transparence, les inquiétudes et les doutes comme les (maigres) satisfactions. C'est un moment humainement intense, car c'est aussi rare que l'on se voie physiquement alors que l'on se parle au téléphone tous les jours. Nous sommes impressionnés par leur mobilisation. De là, nous remontons sur le plateau, et descendons vers Montfermeil. Il fait nuit. La route pourrait être bucolique par moments. Il n'y a personne dans les rues. Nous arrivons vers 20 heures. Le choc est violent. Nous discutons d'abord avec la directrice, le président de la commission médicale d'établissement et le président du conseil de surveillance, avant d'entrer dans l'hôpital. Les expressions sont graves. Des affiches Covid sont posées sur toutes les portes, les soignants disent qu'ils ont peur, y compris pour eux, pour leur propre protection. Là aussi, c'est la jeunesse qui est l'élément le plus dur pour les équipes, l'épuisement. Et la mort. La mort partout. Ce seront les heures les plus rudes dans cet hôpital comme dans d'autres. Il ne reste que quelques lits de réanimation alors que les capacités ont déjà été multipliées par presque trois. Que ferons-nous si cela ne ralentit pas ? Les masques et les blouses arriveront-ils en suffisance ? Les questions s'enchaînent. Il n'y a pas de tabou. En partant, Yolande Di Natale, la directrice, m'annonce que la directrice des soins de l'établissement vient de décéder du Covid. Nous rentrons avec Martin sans nous parler. Je n'ai pas le souvenir d'un échange. Touche de douceur dans tout cela, alors que je descends de sa voiture, il me tend un ours en peluche brun, pour Abel, mon fils né une semaine plus tôt au milieu de ce chaos. Et Martin de me dire de ne pas le lui donner avant de l'avoir lavé car il est peut-être plein de Covid.

Le lendemain matin, j'arrive à l'agence. Vers 9 h 30, je fais mon point quotidien avec les équipes. Il y a là une trentaine de personnes et un peu plus en visio- ou en audioconférence. Nous faisons le point. Chacun sait que cette semaine est critique. Ces points sont devenus malgré moi des rituels, sortes d'« ordre du jour », au sens militaire du terme, au cours desquels j'essaie de tracer quelques lignes, de fixer des cibles et de trouver les mots dont chacun pourra tirer de la force. Je n'avais pas imaginé qu'ils deviendraient des souvenirs si forts pour nombre d'entre nous, comme le moment où l'équipe se ressoude avant d'affronter une nouvelle mi-temps, un temps de cohésion avant de repartir faire face à l'inconnu.

Ce jour-là, pendant que je parle, Catherine Dumont, la secrétaire générale de l'agence me fait un signe. J'arrête quelques minutes mon « brief ». Elle m'annonce en larmes qu'un de nos collaborateurs, qui, il y a quinze jours encore, était à nos côtés en cellule de crise, vient de mourir. Pierre Housieaux, agent du secrétariat général, avait été parmi les premiers à répondre à l'appel à mobilisation interne lancé un mois et demi plus tôt. Pendant des jours et des jours, il avait été un des piliers du « PFR », le point focal régional, cette cellule téléphonique répondant aux appels des particuliers et des professionnels. Pierre Housieaux était à quelques mois de la retraite, il n'a pourtant pas hésité à être là plusieurs week-ends d'affilée. Il a été le visage et la voix du service public, présent même pendant la plus rude des épreuves. Quand les premiers cas de Covid positifs étaient apparus à l'agence, à la mi-mars, nous avions continué à travailler, avec des masques, comme les soignants « cas contacts » le faisaient aussi. Nous avons encouragé les plus fragiles, dont Pierre, malgré ses récriminations, à rester chez eux.

S'il en était besoin, nous avons appris ce lundi matin que le virus nous frapperait de près, que la mort aurait pour visage des femmes et des hommes que nous connaissions, que derrière l'anonymat des chiffres, les drames humains frapperaient de nombreuses familles. Avec Nicolas Péju, mon adjoint, nous remontons dans mon bureau. Nous pleurerons ensemble, pour évacuer l'indicible et remonter au front. La salle principale de l'agence porte aujourd'hui le nom de Pierre et témoignera durablement de son engagement, mais ce qui me restera le plus longtemps en mémoire, c'est la marche derrière son cercueil, à quelques-uns, dans un Père-Lachaise vide et froid, mais éclairé par une lumière argentée de fin d'hiver. Autour de la tombe qu'il s'était choisie, les mots sont simples et décrivent un homme de culture, amoureux du patrimoine parisien qu'il défendait au sein de l'association Paris historique, un homme fait de passions aussi. Un homme de bien.

Au cours de ces journées, le mot et la chose coïncidaient totalement. Nos compétences, fixées dans le Code de la santé publique dans un froid vocabulaire juridique, étaient, au sens étymologique, « incarnées ».

« Assurer la veille et la sécurité sanitaire », c'est une mission qu'une agence régionale de santé remplit tout au long de l'année sur les maladies à déclaration obligatoire, la tuberculose, la méningite ou encore la rougeole. Elle consiste notamment à identifier les personnes touchées, à identifier celles avec qui elles ont été en contact et à prescrire à chacune d'elles des mesures d'isolement ou des conseils, l'objectif étant d'étouffer au plus vite les foyers de contamination en organisant éventuellement des dispositifs d'ampleur pour le dépistage ou la vaccination. Depuis l'organisation artisanale qui nous conduisit à faire porter à domicile aux premiers « sujets contacts », en février 2020, des masques et du gel par des motards de la préfecture de police et des agents volontaires de l'ARS jusqu'au plateau de *contact tracing*, armé progressivement jusqu'à compter plus de 150 personnes à partir de fin 2020, la montée en charge a été continue.

Le grand public a découvert à ce moment-là un vocabulaire jusqu'à présent cantonné aux sphères des spécialistes. Derrière ce mot anglo-saxon de *tracing* se cache un mélange d'enquête policière et de travail de bénédictin. Une sorte de *Nom de la rose* épidémiologique, pour remonter toutes les pistes, sans dérouler une méthode trop formatée, en laissant advenir la vérité, celle que les personnes au bout du fil ne voudraient pas nécessairement dire. J'ai découvert l'attention, l'élégance, la délicatesse de ces enquêteurs, médecins, infirmiers et, progressivement, des personnels formés pendant quelques jours pour apprendre ce « métier ». Je repense au dialogue entre une médecin venue en renfort depuis la direction de l'innovation, échangeant avec un jeune homme parmi les premières centaines de personnes testées positives en février 2020. Il lui faisait la liste des personnes avec lesquelles il avait été en contact, et dans le lot il appartenait aux équipes de l'agence d'identifier les contacts « à risque ». Dans ces moments, il faut être attentif, attentif y compris aux silences un peu longs, aux phrases toutes faites. Et à la fin de cet échange téléphonique, alors que j'attendais que ma collaboratrice raccroche car je souhaitais la solliciter sur un autre point, elle résista à la pression de ma présence et laissa encore un peu de temps à l'échange. Et ainsi, au bout d'un long silence, le jeune homme lui dit à voix basse qu'il avait passé la nuit avec sa petite amie, mais que, si sa mère le savait, « elle le tuerait ». L'arbre de l'enquête épidémiologique prenait tout à coup une dimension supplémentaire. Il allait falloir explorer une piste de plus, donner plus d'ampleur à l'enquête et creuser, dans le respect du secret médical, autour de ce nouvel indice.

J'ai le souvenir précis de l'engagement des équipes, lorsque les premiers variants ont fait leur apparition, pour comprendre, dresser la cartographie, dans cette combinaison d'urgence et d'attention aux gens. Les salles de l'agence se couvraient de grands schémas pour comprendre les liens, pour remonter les chaînes afin d'être certain que l'on avait bien identifié le patient zéro et mis en place une véritable bulle autour de tous ses contacts. Il y avait un mélange d'excitation et de peur quand, tels les acteurs d'une série policière, nous allions d'un pays ou d'une région à l'autre pour traquer le premier cas de variant dit à l'époque « d'Afrique du Sud ». Une dame âgée, revenant du Mozambique mi-janvier 2021, où elle était allée rejoindre d'autres croyants pour prier contre le virus, était en réanimation. L'urgence était de savoir avec qui elle était partie et de suivre toutes les personnes de sa famille qu'elle avait vues depuis son retour. Un mur entier d'une des salles était consacré à ce cas, avec des noms, des lieux, des flèches et beaucoup de points d'interrogation. Jour et nuit, au sens propre, les équipes ont suivi les pistes pour isoler chacun des foyers, pour mettre en place des tests à grande échelle autour de chacun des enfants de la famille qui avait déjà repris le chemin de l'école. Ce sont des centaines de personnes qui furent testées et isolées autour de ce seul cas, depuis les voisins dans l'avion jusqu'aux camarades de classe d'une des petites-filles de cette personne. Olivier Véran et Jean Castex, venus inaugurer en janvier 2021 les nouveaux locaux de l'agence à Saint-Denis et manifester leur soutien aux équipes dans ces jours d'apparition d'un nouveau mot appelé à s'imposer rapidement, celui de « variant », avaient été frappés de découvrir, dans une petite salle de travail, l'équipe dédiée aux enquêtes sur les contaminations dans les avions. Aux murs étaient affichés les plans des différents modèles de cabine d'avion, distance entre les sièges, séparations, système d'aération, etc. En fonction de ces différents éléments, les équipes estimaient que les contacts à risque se situaient sur une ou plusieurs rangées autour de la personne identifiée comme positive. Personne n'a sans doute su, et ne saura jamais, combien de ces enquêtes ont permis d'étouffer des foyers, de contenir des risques, de ralentir la progression des variants, en attendant que nos capacités de tests s'adaptent. En l'espèce, sur ce cas particulier, le grand public n'a jamais entendu parler de cette chaîne de contamination qui pourtant nous a glacés de peur, car cette fois-là, comme tant d'autres fois anonymes, nous étions allés plus vite que le virus et l'avions contenu. Ici encore, j'ai mesuré à quel point les équipes de l'agence, en un an, avaient progressé, avec des spécialistes dédiés aux cas les plus sensibles, en particulier dans les cas de variants. Là encore, malgré la pression et la course contre la montre, il fallait laisser jouer leur rôle aux silences. Ne rien presser. C'est dans ces moments aussi que l'on découvre des personnalités, des collaborateurs que l'on avait croisés cent fois dans les couloirs et dont on réalise qu'ils ont la force et la maîtrise nécessaires pour trouver les mots qui rassurent, pour apaiser l'inquiétude, légitime, de personnes qui très vite ont peur pour elles-mêmes, pour leurs proches, et savent parfois qu'elles ont été imprudentes.

Depuis les premières heures du *contact tracing* nous savions que la course contre la montre visant à identifier la totalité de la chaîne de contamination aurait toutes les chances d'être perdue. Nous savions que partout, dans la plupart des exemples connus, les épidémies gagnaient la partie. Mais identifier des clusters, « casser » de grandes chaînes de contamination, accompagner à l'isolement un maximum de personnes permet de faire reculer de quelques jours la phase épidémique et de « lisser les vagues ». Bref, du temps gagné. Gagné en février 2020 pour augmenter les capacités hospitalières, gagné un an plus tard, en mars 2021, pour que la vaccination ait pu encore progresser de quelques points, gagner ce temps pour que les équipes soignantes soufflent. Il y avait quelque chose de noble dans ce barrage contre le Pacifique. Pas de la noblesse de l'inutile, de la grandeur des batailles perdues d'avance, rien de romantique là-dedans. Non, la noblesse des combats invisibles, du corps-à-corps avec la progression du virus. Comme un travail de partisan, un combat de rue. Mais les minutes perdues ici par la vague étaient gagnées ailleurs pour la préparation globale du système de santé. C'est pour cela que, sur ce sujet par exemple, les affirmations péremptoires suscitent chez moi de la colère : « échec pour contenir le variant », « échec de la stratégie de traçage des cas »... mais jamais de réflexion sur le nombre d'incendies éteints à bas bruit, de ceux qui peut-être, comme lors du premier tsunami qui avait déferlé sur le Grand Est à partir d'un seul foyer de contamination, fin février 2020, auraient pu faire vaciller le système.

Un soir, je me souviens d'un échange avec Nicolas Lerner, précieux ami et grand patron de la Direction générale de la sécurité intérieure. Nicolas faisait la comparaison avec son propre métier. Pour chaque acte terroriste non déjoué, combien l'auront été, à bas bruit, sans que personne ne puisse valoriser la catastrophe évitée si les mailles du filet ne s'étaient pas refermées suffisamment tôt ? Le parallèle était parlant et quand je l'ai partagé avec les équipes le lendemain, je me souviens de leur regard. Oui, certains nous renverraient toujours les échecs et la masse des balles arrêtées en silence n'apparaîtrait jamais. Il fallait s'y faire, ne rien lâcher et ne pas perdre d'énergie à ruminer l'injustice de certaines critiques.

Cette compétence de suivi épidémique et d'enquête autour des cas, c'était donc la nôtre, nos équipes étaient formées pour cela, nous disposions des fondamentaux, mais son intensité avait fait basculer tout cela dans une autre dimension. À partir de mai, nous savions déjà que nous devrions inventer une nouvelle organisation à l'approche du déconfinement, car le repérage des cas et leur isolement étaient plus que jamais un enjeu clé.

Sous l'égide du ministère, il a dès lors fallu construire une autre organisation, en ciblant les différents niveaux de *contact tracing*. D'abord, en confiant une part de cette mission, le premier niveau de traçage des cas, dans le cercle familial notamment, au médecin traitant pour le premier contact et, à l'autre extrémité du spectre, en renvoyant vers l'expertise spécifique des ARS le suivi des lieux où la contamination d'une personne faisait courir un risque fort à d'autres populations, souvent fragiles : écoles, crèches, établissements pour personnes handicapées…

Entre ces deux acteurs, c'est l'assurance-maladie qui, en quelques semaines à peine, est montée en puissance pour assurer le traçage quotidien des cas, celui que, dans notre jargon, nous appelons « de niveau 2 », en appelant toutes les personnes déclarées positives et leurs contacts. Près de 25 millions d'appels auront été passés depuis l'armement de ce dispositif. La complexité des questions posées était immense, les enjeux de systèmes d'information et de protection de données comme ceux de ressources humaines ont constitué un défi inédit que l'assurance-maladie a relevé avec une très grande solidité. Était-ce son métier ? Assurément non, mais il fallait répartir la charge, s'adapter, et s'il en mesurait les risques, Nicolas Revel, alors directeur général de la Caisse nationale de l'assurance-maladie, n'avait pas hésité à engager les caisses dans la mêlée. Par la suite, l'enjeu pour les ARS et l'assurance-maladie a été d'adapter ce dispositif à la situation épidémique…

Tout au long du mois de mars 2020 le combat de rue continue. Mais un nouveau terrain s'ouvre. Nous tentons encore de ralentir la progression du virus, en sachant bien cependant que nous allons être débordés. Il faut accélérer et accélérer encore nos travaux pour préparer le choc hospitalier qui va venir. Notre fonctionnement doit être adapté afin de dégager des ressources nouvelles pour ce travail intense et complexe qui s'affinera lors de chacune des vagues. C'était chercher tous les respirateurs possibles, organiser le dialogue entre les hôpitaux et cliniques pour répartir l'effort au mieux, pour ne passer à côté d'aucune ressource ; c'était trouver des renforts et organiser leur accueil et leur affectation ; c'était vérifier plusieurs fois par jour la disponibilité des lits ; c'était travailler à des *crashs tests*, des scénarios catastrophes ; et évidemment c'était, plusieurs fois par jour, en flux continu, échanger avec le ministère de la Santé pour faire le point et déterminer les moyens d'appui nationaux qui pouvaient être dégagés pour la région[1]. Raymond Le Moign durant la première vague, puis Jérôme Marchand-Arvier qui lui a succédé à la tête du cabinet du ministre, ont été des rocs, solides, fiables, disponibles, indulgents. Avec eux, à leurs côtés, les équipes ont dû être réorganisées, renforcées, face à l'ampleur des défis. J'ai parfois peur que les mots soient trop ternes, que certaines expressions paraissent des passages obligés. Car il s'agit évidemment de décrire une organisation, des décisions administratives, mais il s'agit d'abord de moments où le corps entier est pris dans l'étau. Je me souviens de ce vendredi après-midi où, tels des indicateurs de police, les équipes avaient repéré plusieurs respirateurs dans un établissement esthétique. J'appelle immédiatement le propriétaire de cette clinique pour les récupérer. Quand il m'a plutôt

---

1. Sur ce point, je me permets de renvoyer à notre article très synthétique écrit avec Arnaud Foucrier et Romain Hellmann, « Covid-19 : How the Paris area faced the massive influx of critical patients », *Anaesthesia Critical Care & Pain Medicine*, 2020, 39 (5), p. 575-576.

proposé de nous les louer, je suis sorti de mes gonds, sans doute comme jamais. Je le menace de demander au préfet de police des motards pour réquisitionner ces matériels. La rage de trouver ces respirateurs était notre moteur. Ces trois-là furent finalement récupérés dans les beaux quartiers, sans location ni dépôt de garantie, et partirent dans un établissement du Val-d'Oise pour prendre en charge dans les heures qui ont suivi des malades du Covid.

Pendant plusieurs semaines, nous avons ainsi réussi, avec le concours de tous, à augmenter nos capacités – lit par lit – pour tenir face à la vague.

De la même façon, quand sont évoquées aujourd'hui les évacuations sanitaires, quand on revoit les images poignantes de ces trains, de ces avions, de ces hélicoptères qui ont permis d'évacuer d'Île-de-France plus de 250 malades, tout laisse penser que l'on décrit une manœuvre vingt fois répétée, mais nous étions face à l'inconnue, et décider de lancer ces opérations c'était assumer un risque. D'abord pour des malades aussi lourds, mais aussi pour les régions d'accueil si quelques jours ou semaines plus tard elles devaient elles aussi faire face à une saturation. Rien n'était froid. Rien n'était mécanique. C'était la vie et la mort, l'inconnue et la peur. La confiance aussi, dans celles et ceux qui conduisaient les opérations et que quelques mois ou quelques années plus tôt, j'avais pu voir à l'œuvre dans d'autres fonctions. C'est ainsi que, lorsque nous avons demandé, le 27 mars 2020, que des évacuations sanitaires puissent être opérées, la machine s'est mise en marche, sous la coordination au ministère de Cécile Courrèges, elle-même ancienne directrice générale d'ARS, pour mobiliser les régions d'accueil, assurer un lien permanent, cartographier en temps réel les disponibilités, tandis que les médecins dans les SAMU ou les réanimations vérifiaient la possibilité d'évacuer les malades en fonction de leur état. La tension et la peur étaient présentes de chaque côté, le ton pouvait monter mais la confiance était indiscutable. Nous savions que notre but était le même. Parfois des décisions sont remontées plus haut, lorsque face à la nécessité de disposer de renforts soignants, en plus des dispositifs mis en place, il a fallu, en mobilisant jusqu'à la flotte d'avions du gouvernement, « faire monter » des soignants depuis les régions moins touchées. Décision lourde, car chacune d'elles avait peur de se dégarnir et d'être la prochaine touchée. Mais c'était indispensable pendant ces heures terribles, car quand on parle de lits de réanimation, on n'évoque pas simplement un sommier, un matelas et un respirateur, mais d'abord et avant tout des femmes et des hommes compétents et formés. Certains sont venus quelques jours, d'autres plusieurs semaines, dans des services de pointe ou dans d'autres, pour que nous puissions ouvrir et ouvrir encore des lits. Deux chiffres suffisent sans doute à illustrer tout cela : alors que l'Île-de-France disposait de 1 160 lits de réanimation en janvier 2020, exactement trois mois plus tard, près de 3 000 personnes nécessitant une prise en charge en soins critiques étaient hospitalisées dans la région.

Juin 2021

C'est un des premiers cafés que je prends en terrasse à l'angle de la rue Pradier et de la rue Rébeval. Un repère, un repaire aussi, perdu pendant de longs mois. Le lieu où nous prenions, deux fois par semaine, ma fille cadette et moi un rapide petit déjeuner avant qu'elle ne rejoigne son école et moi mon bureau.

Ces premiers cafés après la réouverture des bars et restaurants ont un drôle de goût. Celui de la vie qui revient. Celui du soulagement, celui de la crainte aussi que, comme un an plus tôt, ce ne soit qu'une forme de mirage. Pour moi, ils ont également une autre dimension. Celle d'une aventure qui va prendre fin. Je ne sais pas encore la date précise qui sera retenue, mais j'ai demandé quelques jours plus tôt à être « déchargé de mes fonctions » à l'été.

Une forme de névrose déguisée, celle qui fait que l'on aime voir s'afficher des chiffres ronds, passer les dizaines de milliers sur le compteur kilométrique de sa voiture, ou que l'on ne se lasse pas d'un beau 22 h 22 sur un réveil digital, me pousse à espérer une fin de mission correspondant à la date anniversaire du Conseil des ministres qui m'avait nommé à ce poste trois ans plus tôt le 25 juillet. Ce sera presque le cas.

Même si je ressens par avance l'immense tristesse de bientôt lâcher la barre de ce navire et de m'éloigner de mes camarades de tranchée, il n'y a pas de place pour les regrets. Le soulagement de mon départ prochain n'a pas encore fait son apparition. Je sais, j'espère, que dans quelques semaines je vais pouvoir me délester en mettant à distance mon téléphone, greffé depuis trois ans à ma main ; la violence des mises en cause ; la nécessité d'arbitrer en permanence dans un niveau d'incertitude qui fait de chaque décision une prise de risque ; le flot continu de demandes de justification sur ces actions, que ce soit dans le cadre de procédures, d'enquêtes de journalistes, de dialogues avec des élus ; l'épuisement physique de nuits trop courtes ; le sentiment que toute baisse de vigilance expose à se faire toucher par une balle perdue ; la nécessité de garder la tête droite et confiante devant les équipes et, bien sûr, la présence de la mort en permanence, même si, pour nous, elle est plus éloignée à la différence des soignants. Je sais que je vais pouvoir gagner en légèreté et lever une chape qui pesait aussi sur Clémence, Valentine, Abel et Marguerite. Mais, pour l'instant, ce goût-là ne se fait pas sentir ; pour l'instant, la mélancolie ne se mêle qu'à la certitude d'avoir pris la bonne décision, pour moi, pour ma santé, comme on le dit parfois pudiquement, pour les miennes et les miens.

Écrire sur la crise, je m'étais quasiment promis de ne pas le faire. Par crainte de paraître mettre en scène un rôle secondaire par rapport à celui des soignants qui ont sauvé des vies et ont fait face à la mort de milliers de personnes. Je n'aime pas cette idée de chercher à imposer un récit. Par ailleurs, la lecture, ou le survol de beaucoup de livres sur le sujet m'ont convaincu que l'exercice était difficile. Le témoignage est vite perçu comme la seule mise en scène de son propre rôle, le retour d'expérience, souvent marqué par l'impardonnable péché d'anachronisme de ceux qui « l'avaient bien dit », sans compter tous ceux qui, au fond, refusent la complexité d'une situation exceptionnelle qui n'est pas apparue, telle une tempête dans un ciel calme, dans un hôpital serein, disposant d'une offre de soins pléthorique, dans un monde où les politiques de prévention et de promotion de la santé sont pilotées à leur juste valeur, ni enfin dans une société démocratiquement apaisée.

En un mot, l'exercice s'annonce difficile et il va falloir que j'échappe aux travers qui m'ont fait bondir tant de fois à la lecture de certaines publications.

Le temps s'étire. À l'heure où j'écris ces lignes, personne ne sait quand l'épidémie de Covid-19 reculera, quand on considérera qu'elle est structurellement sous contrôle, quand, au fond, le cours de nos existences retrouvera un peu de sérénité durable. Et dans ces moments, en tout cas pour ce qui me concerne, on ne peut pas s'empêcher de refaire le film.

Alors que j'ai quitté mes fonctions, je pense chaque jour aux équipes de l'agence en particulier, et aux soignants, toujours sur le front.

Comment parler de la crise sans parler immédiatement des soignants ?

L'exercice peut paraître un passage obligé, une évidence. Pourtant, c'est sans doute ce qui est le plus difficile à formuler, à tenir à distance avec un minimum de recul.

Au fond, plusieurs couches se superposent, s'entremêlent et se nourrissent.

La première, je l'ai racontée déjà dans un petit livre[1] : c'est que l'hôpital, je l'ai connu comme patient pendant de longs mois. C'était il y a quinze ans et c'est pourtant tout près. Le syndrome de Guillain-Barré m'avait touché en plein vol, j'avais 30 ans, mes jambes ne me soutenaient plus vraiment depuis quelques jours. Aucune notice biographique ne témoigne de cela dans un parcours qui peut paraître linéaire à l'œil nu. Pourtant, il y a eu un an de gouffre, tout aurait pu s'arrêter et tout n'est jamais redevenu comme avant. On ne ressort pas la tête de l'eau là où on avait plongé, là, d'ailleurs, où les autres, ceux qui vous aiment, vous attendent. La chance a voulu que mon médecin traitant perçoive la maladie neurologique et m'oriente là où il fallait. En quelques heures, d'une faiblesse dans les jambes, l'atteinte est devenue générale, la paralysie est montée progressivement depuis les membres inférieurs jusqu'à ma tête et l'ensemble de mes muscles se sont mis à l'arrêt. Plus rien ne fonctionnait, même si je suis resté conscient quasiment tout le temps de l'hospitalisation en réanimation. Le système nerveux périphérique était coupé. Le respirateur a pris le relais de mes poumons, du scotch fermait mes paupières incapables de cligner. Conscient, mais enfermé dans votre propre corps inerte, le sentiment de dévoration intérieure quand la myéline, cette fine enveloppe qui protège vos nerfs, est grignotée

1. Aurélien Rousseau, *Boucle d'or*, Paris, Le Passage, 2016.

par la maladie est physiquement palpable, rendant tout contact de vos membres avec quelque chose de dur, le bord d'un lit par exemple, insupportable. Le mot était là, même si, pour ma part, je ne l'avais pas entendu : « pronostic vital engagé ».

Pendant les premiers temps de mes fonctions à l'ARS, j'essayais le plus possible d'éviter les réanimations, car les bruits des respirateurs, les bips des machines, le silence bruissant faisaient autant de courts-circuits dans mon corps. Je dis mon corps, car c'est bien là que cela se jouait. La tête, le cerveau deviennent périphériques. Le bruit des alarmes la nuit est une sorte de tatouage à vie, qui réveille en vous un bloc de sentiments, ou plutôt de sensations entrelacées, violentes, d'une totale présence.

Ce ne sont pas des souvenirs, ce sont des marques. Les soignants, lors de ces longs mois à la Pitié-Salpêtrière, m'ont sauvé dans l'épisode le plus critique. Ils ont pris soin de moi, m'ont langé, ont fait ma toilette, m'ont frictionné pour éviter les escarres, m'ont déplacé des dizaines de fois par jour car certaines positions étaient insupportables pour le corps paralysé qui était le mien. Ils ont accepté mes remarques et boutades, souvent piteuses, sur l'ardoise qui me permettait de communiquer avec eux lorsque j'ai pu récupérer la mobilité de mes mains. Les soignants, pour moi, c'est un mot charnel. Car il y avait de la douceur et de la technicité, parfois des gestes involontairement douloureux ou un sentiment d'abandon qui m'envahissait irrationnellement, mais ils n'étaient jamais loin. C'était, alors qu'elle avait une heure et demie de trajet pour rentrer chez elle, le fait que « mon » infirmière de jour remonte me dire au revoir car elle était partie trop vite pour attraper son RER. C'était le respect de ma parole, ou à tout le moins des mots tracés sur l'ardoise, pour essayer d'apaiser la douleur… Ce sont aussi des sensations qui restent : un rasage sans mousse à raser sur une peau trop sèche, la douleur, ridicule par rapport aux attaques de la maladie dans le reste du corps, mais presque aussi insoutenable, des mains froides pour une toilette sans pudeur… Pas un matin où, me rasant, ces sensations ne me reviennent. Souvenir aussi, alors même que j'étais hospitalisé dans ce qu'il est convenu d'appeler un « service de pointe », en réanimation neurologique, de certaines incompréhensions, confinant parfois à la colère muette derrière mon respirateur. Être séché avec un drap car il n'y avait plus de serviettes, sentir le froid sur soi alors que l'on est déjà nu toute la journée, et les aides-soignantes et aides-soignants s'excusant de ce problème logistique… Ce détour par une expérience personnelle ne me donne aucune légitimité particulière pour parler de l'hôpital, simplement, tout au long de la crise, les mots pour moi avaient sans doute un sens très intime. « Soignants », cela reste elles, cela reste eux.

Je n'ai pas recroisé « mes » soignants pendant toute cette période. Mais j'ai pensé à eux chaque jour de ces longs mois. J'ai vu leurs semblables. J'ai des carapaces et des émotions entremêlées, prêtes à céder face à un jeune homme de 21 ans qui, dans un hôpital de grande couronne, succombera au Covid au cours d'une quatrième vague dont certains disaient encore qu'elle n'existait pas plus que les précédentes.

J'ai retrouvé les bruits aussi. La concentration dans les regards pour « techniquer » les patients. L'épuisement face à l'épreuve physique du passage en « décubitus ventral » de patients parfois très lourds. Les visites sont toujours des moments étranges. On se demande si l'on gêne, s'il n'y a pas un côté indécent à venir si près de la mort sans être capable de faire quoi que ce soit pour la déjouer. Je crois cependant, j'espère qu'ils ont vu dans les regards que ces moments où les autorités se déplaçaient signifiaient deux choses *a minima* : la solidarité de la nation et l'absence de déni sur la violence de ce qu'ils vivaient. Pas de visite Potemkine possible. On était immédiatement au cœur des ténèbres. Ce n'est déjà pas rien.

Le court-circuit produit par certains mots se joue aussi avec celui de « réanimation ». Avec les mois, ces onze lettres se sont comme aseptisées. On parle de lits de réanimation comme on parle de capacités hôtelières d'une ville touristique. Pour ma part, et j'ai toujours eu du mal à l'exprimer en public, dans les médias, j'ai souvent eu envie de crier, de gueuler, que la réanimation, c'est aussi le synonyme de la mort. Simplement de la mort. Lors de la première vague, 45 % des malades en réanimation y sont décédés. Ce ne sont pas des unités comme les autres, c'est l'ultime endroit où l'on tente de vous garder, de vous faire revenir à la vie. Le souvenir est confus, c'est plus un entrelacs de bruits, de conversations et de sons, mais je me souviens très bien, en réanimation, d'avoir compris qu'autour de moi beaucoup de gens mouraient. Soit par les larmes d'une infirmière, soit par les bruits caractéristiques du moment où l'on sort le corps d'une chambre, soit par les changements de nom sur le tableau du poste de garde, que je voyais de loin, derrière la vitre, même si on m'avait enlevé mes lunettes de myope et que ce n'est qu'en plissant fortement les yeux que la réalité se dessinait plus distinctement. La réanimation c'est la douleur de vivre avec cette machine qui vous permet de respirer, qui se bouche de sécrétions, qui vous déforme le visage, qui vous tient la gueule ouverte, qu'un jour on vous enlèvera au prix d'heures terrifiantes où vous devez réapprendre à respirer sans elle. La réanimation, c'est l'endroit où la vie et la mort se côtoient du plus près, ce n'est pas l'endroit où l'on est sauvé à coup sûr.

En écrivant cela, je veux simplement dire que, dans une crise aussi longue, tout passe, tout se banalise, les mots, les efforts, les critiques, mais ceux qui sont sur la ligne de front reçoivent tout cela en pleine figure. Faire attention aux mots, c'est aussi faire attention aux gens.

Durant la crise, comme quinze ans plus tôt, les soignants m'ont tous impressionné. Par leur professionnalisme et leur rigueur. Leur capacité à inventer aussi.

Dans chaque service la concentration était palpable. Même lorsque ces visites se faisaient avec les plus hautes autorités de l'État, personne ne se laissait distraire de sa mission. Il pouvait y avoir de la peur, de la colère, contre l'administration, contre le politique, contre nos concitoyens qui se disaient que l'hôpital pourrait bien tenir et plus tard contre ceux ne se vaccinant pas, il pouvait y avoir des demandes, de l'épuisement évidemment, mais on sentait que tout cela ne les ferait pas dévier du soin.

Héroïsme, enfin. Combien de fois l'a-t-on entendu, ce mot ? Je ne sais pourtant pas s'il me convainc. Il me met en tout cas mal à l'aise. Dans les centaines de visites de services que j'ai faites, je n'ai jamais vu des personnes se considérant comme des héros. J'ai vu des gens revendiquant de faire leur travail, souvent en allant au-delà de leurs limites. Ils sont des héros, c'est une évidence. Ils ont tenu. Ils ont inventé, service par service, des manières de tenir. Mais cet héroïsme, il est pour beaucoup un quotidien. Si le mot me met mal à l'aise parfois, c'est parce qu'en choisissant ce vocabulaire, on fait appel à un ressort un peu magique, quelque chose qui reposerait sur un mélange d'adrénaline et de sentiment que l'on tient entre ses mains une partie du destin du pays. Mais je ne crois pas que cela se passe comme ça pour les soignants, comme pour tous ceux qui ont fait face à la crise. On est à la tâche, pour sauver un malade, qui a un visage et une famille, on veut pouvoir faire son travail, celui pour lequel on a été formé, dans les meilleures conditions. Certes, chacun savait qu'il était partie prenante d'une mobilisation collective qui en même temps qu'elle se jouait à Paris était vécue à Pontoise, Melun ou Corbeil-Essonnes, mais aussi à Strasbourg ou Colmar, à Londres ou Milan, à New York ou en Chine, mais cette bataille planétaire prenait toujours le nom ou le visage d'un patient. Cet héroïsme passait par des gestes, parfois infimes, il passait par la précision et le professionnalisme, par la prise de risque évidemment aussi, quand on pense au tribut payé à cette pandémie par les soignants à l'hôpital, mais aussi par les professionnels de ville.

Parfois, certains mots, en étant trop enflés, passent à côté de l'intensité, ils sont trop généraux et pas assez attentifs. Ce sont des équipes, des prénoms, des visages, des corps, qui ont tenu dans des communautés humaines exceptionnelles, dans une confiance inouïe, sans barrière entre les différents acteurs qui, quelques semaines plus tôt, pouvaient parfois être en conflit pour des raisons légitimes. Chacun est allé au bout de lui-même et a découvert une force qu'il n'avait pas imaginée et la force du collectif. C'est pour cela aussi que la sortie de la crise, quand elle viendra, sera rude, car il faudra savoir faire fructifier cet acquis, alors même que les corps et les esprits seront éprouvés.

Au fond, début 2020, nous sommes passés sans transition de l'expression d'un malaise profond de l'hôpital public – qui s'était illustré, particulièrement en région parisienne, par des mouvements dans les services d'urgence en premier lieu – à une crise qui a demandé à l'hôpital de déployer toute sa capacité d'agilité, de force et d'engagement. Du plan « Ma santé 2022 » présenté à l'automne 2018 à la remontée directe et forte de la préoccupation de nos concitoyens sur la santé, sur leur capacité d'accéder aux soins pendant le grand débat national, puis à l'annonce des mesures dédiées aux urgences au printemps 2019, puis à celle d'un plan hôpital à l'automne 2019, la gravité du sujet était dans tous les esprits. Personne ne détournait le regard d'une situation difficile où déjà les mots d'attractivité, de sens du métier de soignant, de reconnaissance professionnelle revenaient régulièrement. Quand le gouvernement, la première vague pas encore totalement derrière nous en Île-de-France, décida d'engager un « Ségur de la santé », j'avoue avoir ressenti une forme de scepticisme. N'était-ce pas trop tôt, ne devait-on pas attendre un retour à la normale ? J'avais tort. Bien au contraire, il était indispensable d'engager ces mouvements de fond sans attendre, en revalorisant les salaires, en mobilisant des crédits importants pour les investissements, notamment du quotidien, ou en reprenant une partie de la dette, sous le poids de laquelle certains hôpitaux étaient en train de crever, tout simplement. On sait cependant aujourd'hui que malgré des mesures inédites dans leur ampleur, nous ne sommes pas au bout du chemin qui permettra de redonner des perspectives à l'hôpital public et, j'en suis certain, le sujet n'est pas uniquement financier ou d'organisation.

Chapitre 3

DIRE L'INCERTITUDE

« La transparence et l'obstacle »

Je me réfère à Jean Starobinski et au titre de son bel essai sur l'œuvre de Jean-Jacques Rousseau[1]. Ceux qui ont eu à travailler à mes côtés savent à quel point cet ouvrage compte pour moi.

Je trouve en l'espèce qu'il résume parfaitement, comme un précipité, une des questions les plus redoutables que l'on ait eu à affronter dans cette crise, celle de la transparence. Car il a fallu apprendre à dire des mots nouveaux, une expression en particulier, si peu fréquente dans la bouche d'un responsable administratif ou politique, et parfois si peu acceptable pour ceux qui l'entendent de leur part : « Je ne sais pas. »

---

1. Jean Starobinski, *Jean-Jacques Rousseau. La transparence et l'obstacle*, Paris, Plon, 1957 ; rééd. Gallimard, 1971.

Un détour par le « point zéro » : Notre-Dame de Paris ou l'apprentissage

Faire face à une situation exceptionnelle, c'est aussi mobiliser son expérience, ses expériences. C'est faire appel à ce que l'on a appris. Et, pour l'essentiel, le corpus de ce que l'on a appris se nourrit de ses erreurs, de l'analyse que l'on en fait *a posteriori* et de la volonté de faire mieux. Cela paraît sans doute banal, mais ce processus d'apprentissage et donc de tâtonnement ne l'est pas tant que cela. Il ne l'est ni pour celui qui doit faire de ses erreurs une force, ni pour tous ceux qui, dès qu'ils entendent l'aveu d'une erreur, dressent des potences.

La formule est difficile à trouver, elle ne doit pas paraître désinvolte ni cynique, mais disons que l'incendie de la cathédrale Notre-Dame de Paris a été pour l'agence régionale de santé, pour l'État et plus spécifiquement pour moi un exercice grandeur nature qui nous a beaucoup appris, qui nous a fait grandir et, j'ose le mot, nous a aidés.

Le souvenir est précis, l'enchaînement des faits le reste aussi dans mon esprit, car, comme pour le Covid, j'ai eu et j'aurai encore souvent à rendre des comptes.

Le 15 avril 2019 en fin d'après-midi a lieu un exercice passionnant, pas totalement confortable mais indispensable, il s'agit de la restitution du « Grand Débat », organisé sur le modèle du grand débat national, au sein de l'Assistance publique-Hôpitaux de Paris. Nous sommes à l'hôtel Scipion, l'ancienne boulangerie de l'AP-HP, dans une salle pleine. Le travail, notamment animé par le docteur Anne Gervais, est solide, sérieux, complet, sans concession. Chacune des discussions dans les groupes de travail est restituée. Je suis assis au premier rang, au côté de Martin Hirsch et, pour nous, peut-être encore plus pour moi qui représente la tutelle financière des hôpitaux, l'exercice n'est pas simple. La salle est très attentive et légèrement houleuse, car les maux de l'hôpital sont dits ; je ne partage pas tout ce qui est formulé, mais la profondeur du malaise ne fait aucun doute.

Nous commençons cependant, Martin et moi, comme, je l'imagine, de très nombreux participants, à sentir nos téléphones vibrer. Puis, ce sont les abonnements aux fils infos qui l'annoncent : la cathédrale Notre-Dame de Paris est en flammes.

Je réfléchis quelques instants, envoie quelques textos. Le sujet n'est pas à ce stade une urgence sanitaire, la proximité de l'Hôtel-Dieu représente au fond plus une chance qu'un risque. Nous finissons donc la réunion, même si, et certains dans la salle le remarquent, nous sommes un peu préoccupés. Martin se rend d'ailleurs sur place, quant à moi je retourne vers l'ARS. Je ne suis pas du tout scientifique et, si je remarque la couleur jaune du panache de fumée, il faut que j'attende quelques minutes le SMS d'un responsable de la direction de la veille et de la sécurité sanitaire de l'agence pour savoir que ce jaune signifie probablement que la fumée contient des particules de plomb.

Comme souvent en pareilles circonstances, l'obsession du responsable d'une autorité publique, c'est de ne pas passer à côté d'un sujet qui le concernerait. Et c'est ainsi que dès les premières heures du sinistre, alors que l'incendie n'est pas circonscrit, que la brigade des sapeurs-pompiers de Paris prend encore tous les risques et que les équipes du ministère de la Culture, notamment, sont mobilisées pour protéger les œuvres et évaluer la situation du bâtiment, une cellule de crise est ouverte du côté des autorités sanitaires, non sur le traitement du feu lui-même, mais pour savoir si un danger pour l'environnement ou la santé pourrait découler de l'incendie. Je n'assiste pas à cette réunion à laquelle participent des ingénieurs et médecins des ministères de la Santé et de l'Environnement et différents représentants d'agences dans ces deux domaines. La conclusion, provisoire, est que la température atteinte par le brasier a dû conduire à une « sublimation » du plomb et que, dès lors, la question des retombées sera secondaire. Pour autant, malgré cette première approche rassurante, mes équipes et moi, ainsi que le préfet de police, pensons indispensable de commencer dès que possible des prélèvements autour de la cathédrale pour s'assurer de la situation avec plus de précision.

Je ne vais pas détailler ici, je l'ai fait devant une commission d'information parlementaire, je serai peut-être conduit à le faire devant l'autorité judiciaire, même si une première plainte a été classée sans suite par le parquet de Paris, mais ce qui est certain, c'est que dès les premières heures, nous cherchons à être sûrs que nous ne passons à côté de rien. À aucun moment le syndrome « Circulez, il n'y a rien à voir » ne nous saisit. Au contraire, un capteur d'air est installé à l'angle du parvis et de la rue du Pont-Notre-Dame, des prélèvements « surfaciques », comme le disent les ingénieurs qui m'entourent, en extérieur et en intérieur sont engagés par les remarquables équipes du laboratoire central de la préfecture de police.

Après quelques jours durant lesquels de nombreux prélèvements sont réalisés et analysés, nous sommes confrontés à une triple difficulté.

La première, difficile à formuler, surtout dans notre pays où tout paraît faire l'objet d'une norme, est qu'il n'existe pas de valeurs de référence pour définir des seuils de risque en matière de présence de plomb sur l'espace public. Ces seuils existent pour l'intérieur des domiciles ou des équipements, ce n'est pas le cas pour les rues ou les trottoirs. Nous disposons donc de valeurs mais nous ne savons pas dire si leur niveau renvoie à un risque particulier.

La deuxième est que nous ne disposons pas non plus, dans un premier temps, de valeurs de référence pour comparer la situation avant et après l'incendie. Il n'y avait pas eu de campagnes systématiques de mesures de la présence de plomb sur l'espace public et les seules données que nous finissons par obtenir ont été mesurées à proximité de certains bâtiments historiques, au moment de travaux de restauration, précisément parce qu'on avait identifié le risque que les toitures en plomb émettent des particules lorsqu'elles seraient rénovées. Il va falloir, dans une coopération inédite entre l'École des hautes études de santé publique et le laboratoire de recherche des monuments historiques du ministère de la Culture, engager de patients travaux scientifiques pour parvenir à débusquer la « signature isotopique » du plomb issu de la toiture de Notre-Dame, pour le différencier d'autres résidus.

La troisième difficulté est liée au fait que les premières valeurs que nous récoltons sont totalement hétérogènes. À un mètre de distance, les chiffres peuvent être multipliés par dix ou par cent et il est dès lors très difficile dans l'immédiat de modéliser quoi que ce soit sur d'éventuelles règles de dispersion et de retombées du plomb.

En un mot, nous ne savons pas si le plomb que l'on trouve vient de Notre-Dame, ni si les valeurs relevées sont synonymes de danger, ni encore modéliser d'éventuelles retombées.

Pour autant, un espace sort clairement du lot en termes de valeurs, c'est le parvis de Notre-Dame. Les concentrations y sont particulièrement fortes et l'on peut en trouver facilement des explications, non seulement en raison de la proximité immédiate de la cathédrale mais aussi parce que tout ce qui a été sorti du brasier y a été entreposé, ce qui peut expliquer l'empoussièrement spécifique. Aussi l'accès à ce parvis est-il immédiatement condamné.

Les riverains sont inquiets. C'est évidemment normal. Et nos conseils ont d'ailleurs pu paraître dérisoires, lorsque l'on invitait chacun à nettoyer son appartement avec un linge humide pour fixer les poussières. Le danger, dans le cas du plomb, étant son ingestion par les publics à risque, à savoir les enfants et les femmes enceintes, nous insistons pour que ce nettoyage soit fait régulièrement pour tout ce qui est accessible aux plus jeunes et nous lançons avec la Ville de Paris et le rectorat une campagne de prélèvements systématique dans les équipements accueillant ces publics, d'abord dans un rayon de 500 mètres autour de la cathédrale, que l'on élargira ensuite. Mais, encore une fois, cette partie de l'exercice était assez simple : il existait des valeurs de référence et des normes de calcul qui nous permettaient, en intérieur, de qualifier le risque et de décider de conduites à tenir.

Dans le même ordre d'idées, nous avions positionné dès le 16 avril un capteur d'air à proximité immédiate de la cathédrale pour vérifier l'absence de contamination au plomb dans la durée, c'est-à-dire nous assurer que du plomb ne continue pas à se disperser à partir de la cathédrale rapidement en chantier : les valeurs mesurées ont toujours été dans la norme.

Il n'empêche, nous échouons sur un point essentiel. Lors d'une réunion publique organisée à la mairie du IVe arrondissement dans les quinze jours suivant l'incendie, les premières données des prélèvements sont présentées par l'ARS et le laboratoire central de la préfecture de police. On y voit le caractère illisible de ces résultats et évidemment la question des riverains qui revient est simple : ces valeurs sont-elles dangereuses ? Et à cela nous ne savons pas répondre. Non par incompétence, mais parce que nous n'avons pas de valeurs de référence, et la littérature internationale que les équipes ont épluchée pendant des jours ne nous éclaire pas beaucoup.

Nous nous retrouvons donc face à des données que nous ne parvenons pas à interpréter, dont la restitution nous semble créer dans la population plus d'angoisse que de sérénité, et la seule question que se posent les gens est celle d'un danger, que nous ne savons pas qualifier.

Dans ces cas-là, le réflexe est de se dire : attendons de comprendre et nous donnerons toutes les explications quand nous les aurons, et pour avoir le plus de chances possible de comprendre accentuons encore notre campagne de prélèvements en allant plus loin de Notre-Dame pour vérifier l'ampleur de la dispersion.

Las, cette solution, presque de bon sens, n'était pas la bonne. Il aurait fallu formuler explicitement que nous nous heurtions à cette difficulté, le dire avec autant de force et de clarté que le reste de nos annonces sur ce dossier. En effet, un média, apprenant, ce que du reste nous n'avions pas caché puisque nous l'avions porté à connaissance dès la première réunion publique, que nous disposions de centaines de résultats sur lesquels nous ne communiquions pas, nous a accusés de dissimuler une réalité sanitaire grave. Nous étions dans le toboggan de la suspicion et rien ne nous permettrait de le remonter contre la pente.

Nous avons essayé de développer les éléments évoqués plus haut, nous avons rendu publiques toutes les valeurs observées, nous avons saisi des autorités indépendantes pour tenter avec des outils scientifiques plus puissants de modéliser tout cela, bref, nous n'avons jamais cherché à dissimuler une réalité, nous ne savions simplement pas la qualifier. Nous pensions, j'ai pensé, que dire notre ignorance serait plus déflagrateur qu'attendre pour savoir. Et, avec un regard rétrospectif sur d'autres grandes crises sanitaires ou environnementales, nous avons su en fait assez vite. Nous avons commencé à comprendre comment le nuage s'était dispersé, nous avons réalisé des milliers de prélèvements sanguins sur les publics à risque pour vérifier qu'il n'y avait pas une prévalence inquiétante de taux de plomb anormaux dans l'organisme, nous avons aussi réalisé des milliers de prélèvements au sol, des travaux de grande ampleur ont permis de modéliser le parcours du panache et ses retombées et toutes ces études ont convergé pour conclure que l'incendie terrible du 15 avril n'avait pas eu de conséquences sur la santé humaine.

Il n'empêche, les quelques jours, peut-être quelques semaines, pendant lesquels nous cherchions sans comprendre ont semé un ferment de doute, le doute devenant suspicion et la suspicion nourrissant aussi, chez certains, l'idée d'un complot organisé pour faire silence sur une crise sanitaire majeure…

Cette expérience fut violente pour tous ceux qui, sans discontinuer, ont piloté cet épisode. Je pense en particulier à Cécile Somarriba qui, à la direction de la veille et de la sécurité sanitaire de l'agence, a travaillé jour et nuit pour nous permettre de comprendre, d'agir et de prendre ce que nous pensions être les meilleures décisions, comme elle le fera par la suite pour le Covid. Les critiques créaient un sentiment d'injustice et d'incompréhension. Nous n'avions pas cherché à cacher quoique ce soit, et pourquoi aurions-nous pu vouloir cacher quelque chose ? Notre responsabilité pénale aurait d'ailleurs été engagée si nous nous étions volontairement abstenus de qualifier ce qui s'était passé.

Pour moi, la leçon était définitivement gravée : il fallait apprendre à dire quand nous ne savions pas. Il fallait apprendre à formuler nos incertitudes, car notre rôle n'était ni de rassurer, ni d'inquiéter, mais de protéger la population.

Encore faudrait-il savoir comment faire pour partager cette incertitude et cela supposait une forme de maturité collective. Car, j'y reviendrai plus longuement, quand un responsable public dit qu'il ne sait pas, ou qu'il ne sait pas encore, on considère vite qu'il est incompétent ou dissimulateur.

Nous avons lancé dans la foulée de cet épisode un travail pour inventer un mode d'association des parties prenantes (notamment les associations environnementales) à la gestion d'un événement de cet ordre. Mon idée, formulée sans trop de raffinement, était que dès lors que la cellule de crise de l'agence était activée, il fallait que dans une pièce à côté, une cellule de crise impliquant des associations, des citoyens ou des élus soit aussi mobilisée pour avoir accès en temps réel à tous les éléments dont nous disposions. Ce projet s'avéra plus complexe que cette commande un peu fruste, car il supposait des modalités d'organisation, des garanties de non-instrumentalisation, un partage de l'information lourd à mettre en œuvre. Mais cette démarche était en travaux quand le Covid a fait son apparition.

En ce mois de janvier 2020, je n'imagine pas un instant ce qui va se produire et nous emporter collectivement dans un tel tourbillon. Notre-Dame a été une épreuve pour l'agence, elle nous a permis cependant de roder nos dispositifs de partage d'information ou d'arbitrage avec les autres services de l'État, elle m'a appris à mieux connaître, au sein même de l'agence, les équipes de veille et de sécurité sanitaire, elle m'a aussi, cela peut paraître trivial, permis de m'habituer un peu plus solidement à la prise de parole médiatique, elle m'a fait éprouver à quel point les femmes et les hommes qui composent l'agence ont un sens élevé de leurs missions, elle m'a enfin convaincu que toute crise a désormais immédiatement une dimension judiciaire, ce qui implique de pouvoir documenter au fil de l'eau, avec précision, les origines et les justifications de toute décision, y compris celles prises dans la plus grande urgence.

Je suis sorti de Notre-Dame avec un sentiment d'échec dans le portage et le partage publics de notre action, l'impression de ne pas avoir été capable de rendre justice au travail exceptionnel des équipes, tant l'accusation de dissimulation avait emporté le reste de notre action. J'en suis aussi sorti avec une connaissance beaucoup plus fine de certains des boutons, leviers, interrupteurs ou manettes dont on dispose dans la cabine de pilotage du système de santé…

Je ne pensais pas avoir à utiliser ces nouvelles connaissances aussi vite.

Conjurer l'incertitude en disant le doute, conjurer la défiance en disant l'incertitude.

Dans une crise de cette ampleur, on ne peut pas conjurer la peur. C'est impossible tout simplement car le faire serait un acte de foi, l'expression d'une pensée magique qui n'aurait aucun fondement scientifique. C'est la première leçon à tirer de ces longs mois. Les uns ont voulu dire avec aplomb qu'il n'y avait aucun risque ; d'autres avec la même superbe que nous ne tiendrions jamais ; d'autres encore, médecins ou non, s'étonnaient de la non-utilisation d'un médicament pourtant miraculeux, chacun y allant en tout cas de ses conseils et admonestations contre des autorités incapables d'être aussi claires qu'eux.

Écrire cela, ce n'est pas relativiser certaines incohérences ou erreurs d'expression que j'ai pu moi-même commettre mais souligner que la pression sociale, relayée par le levier médiatique, pèse sur les autorités publiques et peut pousser celles-ci à formuler des certitudes. Et c'est normal, car la certitude est rassurante. L'État, dans notre imaginaire collectif de citoyens, sait ou voit un peu plus loin que nous. Il doit pouvoir nous dire si la situation est grave, si elle va encore se détériorer, si tout cela est sous contrôle. Les responsables doivent nous formuler leur confiance ou leur inquiétude, l'entre-deux n'existe pas. Ne pas le faire serait une forme de refus d'obstacle, comme une manière de se dégager de sa responsabilité première, celle de mettre des mots sur une situation, de la qualifier et de détailler les actions mises en œuvre pour la maîtriser.

C'est d'ailleurs pour cela que le mot « stratégie » est revenu aussi fréquemment. On attendait de l'État une stratégie sur tous les plans : les masques, les tests, le déconfinement, le confinement, la situation à l'école, la vaccination bien sûr...

C'est encore une fois une attente démocratique particulièrement légitime.

Et c'est selon moi sur ce sujet que la pandémie de Covid met un coup de projecteur blafard.

Nous connaissons, nous allons connaître de plus en plus fréquemment des crises liées à l'environnement ou à la santé, mondialisées, avec des phénomènes d'ailes de papillons qui ne sont plus, désormais, de simples constructions théoriques. Et dans ce cas-là, quel doit être le rôle de la puissance publique ?

Elle doit d'abord tout faire pour savoir. Même si la référence à la catastrophe de Tchernobyl revient très fréquemment, pour dénoncer incurie ou dissimulation, je crois que dans nos sociétés démocratiques contemporaines, depuis quelques années, il ne pourrait plus y avoir de volonté organisée, structurée, portée dans la durée, de cacher une situation. Face aux crises, les machines administratives, scientifiques, judiciaires même, se mettent immédiatement en branle pour qualifier le phénomène. Il ne peut y avoir de déni. Il n'y en a pas eu sur Notre-Dame, il n'y en a pas eu sur Lubrizol, pas plus que sur le Covid.

La différence fondamentale avec d'autres crises réside surtout dans la difficulté à formuler des conclusions.

C'est pourquoi je pense qu'il ne faut pas chercher, pour reprendre le beau titre de Patrick Boucheron, à *Conjurer la peur*[1]. C'est au fond impossible car cela supposerait que l'on sache répondre à tout. Non, la première exigence c'est de conjurer la défiance. Car la défiance fait le lit ensuite de toute une série de réactions qui vont du scepticisme au complotisme, en passant par le sentiment que ceux qui sont censés nous protéger ne sont pas à la hauteur. Parfois, en cherchant à conjurer la peur, on va – de fait – trop vite, en tenant des propos que les événements vont démentir. Dans bien des cas, on est incapable par exemple de savoir si une catastrophe environnementale ou industrielle aura des conséquences sur la santé à court, moyen ou long terme. On aimerait pouvoir formuler une réponse, l'opinion publique la demande et il est difficile de résister. J'insiste sur ce point car je le crois sous-estimé. Lorsque vous êtes « en plateau », comme l'on dit, sous un projecteur et devant une caméra, et que vous devez dire que vous ne savez pas mais que vous cherchez et que vous

---

1. Patrick Boucheron, *Conjurer la peur. Sienne 1338. Essai sur la force politique des images*, Paris, Seuil, 2013.

direz dès que vous saurez, il faut prendre une longue et profonde inspiration.

Je me souviens de cette angoisse, dérisoire par rapport au fracas de l'épidémie mais qui peut éclairer cependant la façon dont les responsables publics font face. Avant chaque grande émission, je révise, fébrilement. Je me confectionne de petites fiches sur des cartes de correspondance et je note des chiffres, des références. Je n'arrive pas à trouver à l'avance les formules, les « punchlines » préfabriquées, pourtant elles sont souvent utiles et l'on sait que, sans doute, un seul pan de phrase sera ensuite repris en boucle sur les bandeaux des chaînes d'information en continu. J'essaie de me donner la contenance de celui qui devient presque un habitué des plateaux mais personne ne vit cela comme quelque chose de normal. À chaque fois la buée ne veut pas quitter mes lunettes pendant les premières minutes de l'entretien car ma respiration se fait un peu plus forte, et je rêve de me débarrasser de mon masque pour être délesté et mieux m'exprimer. Un journaliste célèbre et redouté use de sa tonitruante interpellation en marquant chaque syllabe de votre nom et de votre prénom pour vous passer à la question. J'ai l'impression de vivre un film. Il teste votre solidité. Il vous pousse dans vos retranchements. À chaque question passée sans trop d'encombre, on a envie de demander une pause pour savourer le fait d'avoir franchi une haie de plus… mais cela ne fonctionne pas ainsi. J'attends l'impact de la suivante. Évidemment je me fais parfois mettre en difficulté, je m'entends commencer une phrase sans bien savoir où elle va finir, tout à coup un blanc se fait là où devrait venir un mot, un chiffre ou une date. Alors, il faut reprendre le fil, son fil intime, celui qui justifie à ce moment-là votre présence à cet endroit. Et c'est là que le risque est le plus grand, celui d'être affirmatif alors que les données ne sont pas stabilisées. Mais parfois c'est le seul moyen pour s'échapper d'une position inconfortable. Ce ne sont pas des moments normaux. Car « normalement », un haut fonctionnaire ne se retrouve pas sur BFM à une heure de grande écoute. Il est très difficile de partager cette angoisse avec ses collaborateurs, qui pensent souvent que vous y prenez surtout du plaisir et que vous êtes finalement assez à l'aise. Après chaque émission j'attends fébrilement l'avis de Nicolas Péju, mon adjoint, qui a un regard précis, franc mais bienveillant sur ces sujets. Je reçois beaucoup de textos aussi, le plus souvent très chaleureux de personnes que je n'ai pas vues depuis des mois et qui trouvent ainsi le moyen de me dire leur soutien. J'ai l'impression d'avoir passé un 400 mètres haies en costume et souvent, pourtant, ça n'est que la première étape de la journée et elle n'avait rien d'héroïque.

Je dois ici reconnaître que la crise m'a fait découvrir de grands journalistes, acceptant justement le « je ne sais pas », acceptant qu'on leur dise une ignorance qui n'est pas le synonyme d'une incompétence ou d'une légèreté par rapport au sujet mais le signe d'un doute légitime et la volonté farouche de ne pas dire quelque chose qui pourrait être démenti quelque temps plus tard.

Dire l'incertitude me paraît aujourd'hui le seul moyen de conjurer la défiance.

Même les plus hautes autorités, les ministres, le Premier ministre ou le président de la République ont eu, dans des styles différents, à faire l'expérience de cette prise de distance avec les certitudes, avec le caractère rassurant pour les dirigeants eux-mêmes d'une stratégie à six mois. Quand les conférences de presse du Premier ministre Édouard Philippe au mois de mars et d'avril 2020 réunissaient plus de 15 millions de téléspectateurs et les interventions du président de la République parfois 30 alors que le confinement était en vigueur et que chacun, chez lui, vivait une expérience jamais vue, jamais même imaginée, chaque mot comptait. Et faire le choix à ce moment-là de dire « Nous ne savons pas » est un acte dont il faut mesurer la portée.

Car, il convient aussi de le dire tout de suite : doute, incertitude, tâtonnement, balance bénéfices/risques… tous ces mots dessinent un champ lexical qui pourrait être perçu par l'opinion comme trahissant une coupable difficulté à décider. Ce serait un raccourci et même un contresens. Dire que l'on hésite, cela ne signifie nullement que l'acte de décider fait peur, que trancher paraît insurmontable, mais la réalité de ces situations c'est que vous êtes rarement face à deux bonnes solutions, ou face à une bonne et une évidente mauvaise solution, mais dans la plupart des cas face à des propositions de manœuvres incertaines de quelque côté que ce soit. Dire et expliquer comment, sur le fondement d'informations hétérogènes et partielles, il a été décidé de retenir telle option, c'est, à l'échelle du pays comme dans le pilotage des équipes, à une échelle beaucoup plus fine, la condition pour que ces orientations soient correctement mises en œuvre. Chacun a ses propres intuitions, parfois même ses convictions, il faut que l'on sache qu'elles ont été mises en balance, tamisées d'une certaine façon, avant qu'un choix ne soit fait. Chaque acteur, citoyen auquel sont imposées des restrictions dans ses libertés individuelles, agent de l'État impliqué dans la gestion d'un événement de cette ampleur, doit pouvoir restituer le raisonnement qui a conduit à la décision. Cela ne fait pas taire tous les débats, mais lève la chape de plomb que constitue le fait de penser une décision arbitraire, ou fondée sur le déni.

J'irai même plus loin, car cette crise a rendu cette approche indispensable pour deux raisons. D'abord, parce qu'elle se noue dans une période d'incertitude et de défiance majeure sur toute forme de parole publique, voire de parole scientifique. Le vrai et le faux ne sont pas des catégories universelles de l'entendement. Face à cette réalité, il n'est d'autre chemin que de prendre le temps d'expliciter les interrogations, les doutes et la décision finalement prise, sans que l'on disposât en réalité de toutes les informations dont on aurait souhaité bénéficier dans une situation idéale. Ensuite, et je tente la formulation de ce paradoxe, parce que dire l'incertitude me paraît le seul moyen de réarmer la puissance de la parole publique et de la parole politique en particulier. Car le contexte, il faut sans doute le rappeler, est celui d'un niveau d'éducation et de culture de la société qui est inédit dans l'histoire, permettant dès lors le maniement de la complexité, même si l'on ne réduira jamais la poche des sceptiques définitifs. C'est d'une certaine manière le seul chemin vers une crédibilité retrouvée de la parole publique. Non seulement les arguments d'autorité sont devenus insupportables dans nos démocraties, mais en outre ils sont souvent faux, autant donc prendre le risque de dire « Je ne sais pas », ou « J'ai pris cette décision en ne disposant pas de toutes les informations que j'aurais souhaité avoir », pour gagner cet acquis immense dans la crise qu'est la crédibilité.

Un exemple illustre bien cet enjeu.

Parmi les sujets les plus difficiles, s'imposent en effet rapidement des questions éthiques qui, de fait, ne sont pas seulement des réflexions théoriques ou en chambre. L'éthique, c'est poser ou rappeler les principes sur les critères d'accueil des patients en réanimation (nourris en particulier par les travaux des sociétés savantes et auxquels les médecins se réfèrent tous les jours), au regard de leurs chances de survie ; c'est construire un corpus pour accompagner les équipes soignantes lors des choix de déprogrammation de certaines opérations ou actes médicaux. L'éthique, c'est le curseur à poser entre coercition et incitation sur la vaccination par exemple. C'est aussi se poser la question redoutable de la balance bénéfices/risques à l'échelle individuelle et à l'échelle collective. Tous ces sujets ne peuvent se traiter au niveau d'une seule région, nombre d'entre eux ont d'ailleurs fait l'objet d'avis de la Haute Autorité de santé ou du Comité consultatif national d'éthique, mais parfois, dans l'urgence, il faut tenter, avec transparence, d'à tout le moins poser les questions et engager le processus de délibération collectif pour ne pas laisser à la fin les médecins dans la solitude face à des choix si lourds. Il faut dans ces cas-là arriver à freiner le rythme incessant de l'urgence et installer un processus de dialogue dans lequel les soignants, les associations de patients, les autres représentants des instances de la démocratie sanitaire, peuvent, malgré la pression, donner des éléments d'éclairage. À l'issue, le choix reste celui des médecins, dans la collégialité et le dialogue avec les familles. Mais s'assurer que les débats sur le retard potentiel de dépistage des cancers, sur les priorités à établir entre certains actes, sur les impacts sur la santé mentale des mesures de freinage de l'épidémie et notamment du confinement ou toutes les autres questions éthiques sont bien posés, c'est aussi de la responsabilité de la puissance publique. Ce n'est pas simple. Mais la première étape reste, ici encore, le partage des éléments : la publicité des « doctrines » établies, sur la déprogrammation, la prise en charge en soins critiques, la continuité des soins sur certaines pathologies, la publicité des chiffres, le lancement d'études pour le suivi dans la durée des impacts de la crise.

Dans les responsabilités qui étaient les miennes, j'avançais à pas comptés. Nous avancions en terre inconnue. Il ne s'agit pas de trancher des questions éthiques lorsque l'on est une administration, mais de garantir que, même dans l'urgence, le débat a eu lieu. Ce qui est en jeu, ici encore, c'est de s'adapter au fur et à mesure que l'on apprend. De ce point de vue, même si on n'aura pas été rattrapé par la totalité des actes reportés, ou par les retards de dépistage, la deuxième et la troisième vagues ont eu un impact beaucoup moins fort que la première, car nous avons mieux et sans doute plus tôt pris en compte ces questions.

Sur ce sujet en particulier, le péché d'anachronisme guette chacun des commentateurs de cette crise. Les décisions ont été prises avec des connaissances données, à un moment donné. On pense souvent à la formule prêtée à Michel Rocard sur « la connerie et le complot » et à la bonne approche consistant à plutôt pencher pour la première pour expliquer des décisions publiques perçues comme absurdes, la seconde nécessitant un savoir-faire plus sophistiqué. Mais entre la connerie et le complot, il existe une palette immense de situations qui ne sont ni l'une ni l'autre. Elles sont simplement, si l'on peut dire, le produit de la complexité et de l'instabilité des événements, du caractère partiel, voire contradictoire, de l'information. Durant cette crise, l'inférence que l'on a tous en tête, nourris de mille récits en la matière – selon lesquels les scientifiques savent, détiennent la vérité ; certains, plus clairvoyants ou courageux que d'autres, alertent ; les autorités politiques reçoivent et trient ; certaines disent la vérité, d'autres mentent sciemment – pour enfin prendre des décisions, me paraît être discutable à chaque étape. Certains en feront ainsi le récit et pourtant, deux ans après le début de la pandémie, il demeure des sujets que l'on ne comprend pas, que l'on ne sait toujours pas analyser complètement, pour lesquels les incertitudes scientifiques demeurent. Je pense notamment aux modalités de diffusion du virus. Cette progression en taches de léopard constatée lors de la première vague ou encore aujourd'hui la présence très inégale d'un pays à l'autre du virus et de ses variants, quelles que soient les politiques mises en œuvre. Bien sûr, on peut, on doit même considérer que les politiques publiques ont un impact et permettent de limiter ou de contenir des tendances épidémiologiques. Pour autant, il demeure des inconnues. Pourquoi, après le nord de l'Italie, le virus ne s'est-il pas propagé dans le reste de la péninsule ? Pourquoi, globalement, certaines régions françaises ont été épargnées ? On dispose d'éléments d'analyse partiels, climatiques par exemple. Mais on ne sait pas encore tout expliquer. Pourtant, dans l'opinion, dans la sphère médiatique ou politique, il semble parfois que cette simple phrase « On ne sait pas tout expliquer » soit insupportable. Les Allemands étaient meilleurs que nous car eux disposaient de plus de lits de réanimation. L'épidémie, sans doute effrayée par le nombre de ces lits pouvant accueillir ses futures victimes, aurait compris et se serait tenue en Allemagne sur son quant à soi ! Des pays deviennent des exemples absolus pour, quelques mois plus tard, être pris dans les mêmes tourbillons… Oui, cette crise nous a pris, a pris l'humanité entière, tous les gouvernants et à peu près avec la même ampleur tous les scientifiques, à contre-pied. Parfois, identifier des coupables est plus rassurant que de dire notre incompréhension. Pourtant l'incompréhension n'est pas l'impuissance, il ne s'agit pas se terrer en attendant de savoir, il s'agit de tenter de tout faire pour protéger, sans être certain *a priori* de l'efficacité des mesures.

Nous avons tâtonné et mobilisé en permanence une méthode bien connue des médecins, la balance bénéfices/risques. Certains ont pensé que c'était là une forme de pusillanimité, de manque de courage ou de folie technocratique. Je ne crois pas que cela ait jamais été le cas. Est-ce que certaines décisions ont été des erreurs ? Peut-être. Est-ce que nous aurions fait différemment avec d'autres informations ? Sans aucun doute.

Et souvent nos « stratégies », avec une ruse de l'histoire qui prêtera peut-être un jour à sourire, les plus explicitement présentées ou débattues ont été les plus violemment mises en cause par les événements.

Je pense à deux d'entre elles en particulier.

Nous pensions, au printemps 2020, accompagner le déconfinement par la mise en place de campagnes de tests sérologiques de grande ampleur, permettant éventuellement même une territorialisation en fonction de l'immunité de groupe acquise dans telle ou telle partie du pays. C'était la fameuse perspective de l'immunité collective. Celle sur laquelle, avant d'en revenir violemment, un certain nombre de pays avaient tout misé. Au sortir de la première vague, nous attendions tous, responsables administratifs comme élus locaux, de pouvoir déployer cette approche. La première condition fut longue à réunir : il fallait déjà des tests fiables, validés par les autorités scientifiques. Or de nombreux acteurs industriels indiquaient qu'ils disposaient de stocks de tests et qu'ils pouvaient répondre à des commandes. La pression était immense, sur les élus et sur nous, pour que nous « validions » ces produits. Mais ce n'était pas notre rôle. Nous n'en avions ni la compétence scientifique, ni la compétence juridique. Cela a créé beaucoup d'incompréhension et de suspicion. Je le comprends en partie. Mais s'il y a un « risque » que, pour ma part, je considérais que je ne pouvais pas prendre, c'est de me substituer à une expertise scientifique indépendante. On oublie trop souvent d'ailleurs que le paysage, complexe il faut le reconnaître, des agences sanitaires en France est l'héritier direct d'une série de scandales ou de drames, auxquels on a voulu répondre en créant des structures compétentes et impartiales. L'Agence du médicament, créée en 1993, fait suite au scandale de l'hormone de croissance, et l'Agence française du sang, lancée la même année, répond à l'affaire du sang contaminé. L'Agence française de sécurité alimentaire avait été créée en 1998 pour faire suite de son côté à la crise de l'encéphalopathie spongiforme bovine et l'Agence française de sécurité sanitaire environnementale, pour finir, créée en 2001, est issue de la prise de conscience des dégâts de la contamination de salariés par l'amiante. Depuis leur création, nombre d'entre elles se sont regroupées ou ont dû prendre en charge de nouveaux risques. Mais rappeler cette histoire, c'est aussi dire qu'il faut accepter la complexité et faire un effort de mémoire pour comprendre le paysage actuel.

Tous les mille-feuilles sont le fruit d'une histoire rationnelle et non d'une forme d'*hybris* technocratique.

La seconde difficulté concernant ces tests sérologiques est apparue à l'issue des premières campagnes, qui nous ont montré la distance qui restait à parcourir avant que nous puissions nous approcher de l'immunité collective espérée. La séroprévalence, c'est-à-dire la part de la population qui avait développé des anticorps contre le Covid après avoir été infectée, sous une forme grave ou non, était à peine supérieure à 10 % en Île-de-France, alors même que la région avait été la plus uniformément touchée. Nous réalisions ainsi que nous ne serions pas en situation de prendre quelque mesure que ce soit sur base de ces campagnes de tests. Ces données rendaient vaine la structuration de politiques de déconfinement sur la base de l'immunité de groupe. Notre stratégie était donc mise en échec par les données scientifiques. Il fallait en changer…

L'autre exemple, sans doute plus amer, est celui de la vaccination.

Sur ce sujet les travaux s'accélèrent à partir de l'automne quand les perspectives de disposer d'un vaccin début 2021 deviennent réellement crédibles. Il y avait initialement une volonté compréhensible de ne pas tout miser sur cet espoir et de risquer une désillusion si, pour une raison ou une autre, les essais cliniques de « phase 3 », ceux qui précèdent la soumission des « candidats vaccins » par les laboratoires aux autorités sanitaires seules habilitées à donner les autorisations de mise sur le marché, s'avéraient décevants ou si le rythme de production envisagé ralentissait. À compter du moment où ces risques sont apparus comme globalement écartés, il a fallu construire la stratégie de vaccination et ses modalités concrètes.

Et je crois que chacun s'est dit que, ayant quelques mois devant soi, ce temps était à la fois très court pour déployer une vaccination de masse mais inédit par rapport à l'imprévisibilité à quelques jours à laquelle la crise nous avait habitués, et permettrait la mise en œuvre d'une autre méthode d'élaboration collective.

En la matière, la conviction largement partagée par les autorités politiques et les spécialistes de la vaccination était que le processus même de construction de la stratégie vaccinale, les conditions de fixation des priorités, comme d'ailleurs le Conseil scientifique l'avait formulé, seraient décisifs pour permettre l'appropriation des orientations dans une France où l'acte vaccinal reste empreint de suspicion. Autrement dit, il fallait construire du partage et de la transparence en amont, sur un sujet suscitant une forte défiance.

Je ne vais pas ici détailler la course contre la montre dans laquelle l'État s'est engagé mais en un mot il s'agissait à la fois de mettre en débat avec les parties prenantes (professionnels de santé, représentants des usagers, associations de patients, citoyens…) les cibles et les orientations générales et de mettre en œuvre les outils techniques, logistiques, opérationnels pour permettre que les doses soient effectivement injectées. Le ministère s'est organisé pour cela. Et chacun a pris sa part. La Haute Autorité de santé a formulé une proposition de stratégie, elle l'a rendue publique et l'a soumise à consultation. Le Parlement a débattu de ces orientations début décembre. Et, de notre côté, au cours des nombreuses conférences téléphoniques, « visio » et autres échanges bilatéraux avec tous nos partenaires, nous avons présenté l'architecture de cette stratégie : d'abord vacciner tous les résidents des EHPAD, de loin les plus touchés par la première vague, puis, progressivement, les autres populations, en comptant sur l'arrivée de vaccins déployables plus aisément (sans conditions de conservation trop restrictives) en permettant leur injection par les professionnels de ville.

Nous avions clairement posé le principe que nous travaillerions au cours du mois de janvier au montage de centres de vaccination, avec les collectivités, pour disposer d'une offre nous assurant que des populations sans médecin traitant, plus éloignées du soin, ne seraient pas exclues de la vaccination. Ces centres serviraient à les accueillir et seraient le support des politiques « d'aller-vers », visant à amener la vaccination vers les populations les plus fragiles ou défavorisées, que nous avions expérimentées pour le dépistage.

Il ne s'agit pas de dire que cette stratégie était la bonne. En effet, elle a été éreintée dès les premiers jours de sa mise en œuvre par l'opinion. Elle n'était donc pas satisfaisante, c'est un fait. Nous avons été pris de court car précisément, nous pensions avoir fait un exercice, inédit dans la crise, de transparence sur ce qui allait se passer. Nous savions qu'après les vaccinations du 27 décembre 2020 dans une unité de soins de longue durée de l'hôpital René-Muret à Sevran, le rythme serait lent et le déploiement centré sur les plus fragiles.

Je ne peux ici refaire l'historique complet de ces choix, mais sur la méthode il est évident que nous avons surestimé ou sous-estimé certains facteurs ou que ceux-ci ont évolué en quelques semaines. Si je prends le temps de détailler un peu ce sujet, c'est qu'il illustre parfaitement selon moi le fait que la lecture rétrospective peut nous faire passer à côté de la compréhension des faits remis dans leur contexte. Quel est le contexte en novembre 2020 ? D'abord celui d'une défiance vaccinale assez forte et de craintes mesurées par toutes les enquêtes qualitatives à propos des vaccins de type ARN. Et d'autre part, ruse de l'histoire, le souvenir de la campagne de vaccination pour la grippe H1N1 et les critiques féroces, et injustes, lancées contre elle à l'époque, notamment sur la trop faible mobilisation de la médecine de ville au profit de la mobilisation exceptionnelle de gymnases ou de « vaccinodromes ». C'est à cela que nous pensions répondre avec la stratégie élaborée à la fin de l'automne. D'abord protéger les personnes les plus à risque, prendre le temps de convaincre, ne pas donner le sentiment de passer en force et monter en puissance progressivement en nous appuyant sur les professionnels de ville et des centres dédiés.

Las, en quelques heures, cette stratégie, qui n'était pas un plan secret mais une démarche ayant fait l'objet, avec toutes ses imperfections, d'une forme de délibération démocratique en pleine pandémie, s'est fracassée sur une autre réalité, celle de la comparaison avec nos voisins ayant choisi une autre voie.

Les journées autour du 1er janvier ont été crépusculaires, les critiques ont été d'une violence jamais atteinte, pointant notre incompétence et la folie de la stratégie retenue. Le fait qu'elle n'ait pas soulevé d'objections quelques semaines plus tôt paraissait totalement oublié.

Mais l'État a fonctionné : à la demande du président de la République, la stratégie a été modifiée sur deux points essentiels, la levée de l'obligation d'une visite médicale préalable à la vaccination, demandée avec force quelques semaines plus tôt par l'Ordre des médecins qui considérait que cela renforcerait l'adhésion de la population, et surtout le déploiement de centres de vaccination sur tout le territoire à partir du 18 janvier. Il s'agit d'un changement radical de la stratégie imaginée initialement dans toutes ses dimensions, logistiques notamment. Nous le mettons en œuvre avec les collectivités, qui seront évidemment, comme l'a souvent souligné le Premier ministre Jean Castex, les partenaires exigeants et indispensables de cette mobilisation nationale, et les hôpitaux, assurant le stockage et la distribution des doses vers ces centres et la vaccination des soignants, tandis qu'un autre canal logistique est organisé en direction des EHPAD, qui ont pour leur part l'habitude de travailler avec des officines référentes. Encore faut-il s'assurer, c'était la mission de l'ARS, dans les 700 EHPAD d'une région comme l'Île-de-France, que chacun en ait une, que du personnel médical soit bien présent le jour de la première injection, que les familles auront été suffisamment informées…

Et d'un débat sur l'acceptabilité du vaccin ARN, on passe à des semaines de mises en cause de l'absence de vaccins alors que la mobilisation remarquable de tous les acteurs aurait pu permettre un rythme d'injections plus soutenu. Ce sera pour moi la période la plus rude. Celle où les équipes, au siège et dans les délégations départementales de l'agence, vont travailler à nouveau jour et nuit pour assurer l'allocation de la totalité des doses que nous recevons, avec une gestion des stocks en flux tendus, tandis que les industriels pouvaient nous annoncer du jour au lendemain des baisses drastiques de livraisons. Les centres seront bien mis en place, en quelques jours, dans une coopération entre tous les acteurs qui, loin des plateaux de télévision, s'est avérée remarquable. La spécificité de la campagne de vaccination française, même si nous dûmes, à chaque niveau, la défendre pied à pied, aura été d'assumer de donner la priorité aux publics fragiles et de n'élargir que progressivement vers la population générale. Ne pas le faire aurait été un accélérateur phénoménal d'inégalités, car dans ce champ comme tous ceux de l'accès à la santé, se repérer dans le système demande des compétences et une agilité que détiennent surtout les personnes les plus incluses socialement et favorisées économiquement. Nous étions tous alignés sur ce point et l'équipe pilotée à Matignon par Marguerite Cazeneuve, et au ministère de la Santé par Jérôme Marchand-Arvier et Lætitia Buffet a toujours mis cet objectif au centre de ses préoccupations, y compris en nous appuyant très fortement pour déployer la vaccination dans les départements les plus en difficulté.

Mon objet n'est pas de faire l'archéologie de cette politique publique, ni de défendre des choix qui ont pu apparaître inappropriés ou moins adaptés dans un premier temps que ceux de nos voisins, même si le recul de quelques mois a sans doute donné raison à cette stratégie de priorisation.

Je voudrais au fond en revenir à l'expression de Starobinski. La transparence ne suffit pas par elle-même à conjurer l'incertitude ou la peur. D'une part, parce qu'elle est parfois source d'angoisse quand on décrit une situation sans savoir la qualifier, sans savoir immédiatement donner les réponses qui vont permettre d'y faire face. D'autre part, parce qu'elle est parfois percutée par des réalités peu ou mal anticipées. À la mi-août 2020, face à des indices concordants de lente mais nette reprise épidémique, nous cherchions nos mots. Il fallait les trouver car notre responsabilité était bien de dire ce que nous constations sans beaucoup de doutes, mais sans pour autant effrayer, sans culpabiliser, sans paraître administrer une leçon ou désespérer des Français qui avaient déjà vécu des mois si rudes. Il ne s'agissait pas de devenir des Cassandre, ce qui permet par ailleurs, quoi qu'il se passe de défavorable, de dire « Je l'avais bien dit », ni non plus de rechigner à informer nos concitoyens de la réalité des chiffres que nous scrutions tous les jours.

Cela impose de formuler une exigence que je ne parviens pas à qualifier avec un meilleur mot que celui de contrat.

La transparence doit produire la confiance. La confiance n'est pas aveugle, ce n'est pas un abandon. La confiance, c'est aussi accepter que parfois ce que l'on considérait comme une idée pertinente s'avère moins efficace que prévu, voire se révèle être une erreur. Mais une erreur n'est pas une faute. Faire une erreur n'est pas être incompétent. Le fait d'agir dans l'incertitude conduit de façon mécanique à se tromper. J'oserai dire : c'est même normal. Et cela pose en corollaire l'exigence de savoir corriger ses actions très vite.

Partant, la transparence suppose un contrat exigeant. Il faut que les gouvernants disent comment ils analysent la situation, expriment leurs incertitudes et leurs doutes, leurs hésitations, et organisent une forme de délibération sur leurs choix, mais cela suppose aussi, en regard, l'acceptation par les citoyens de ce que l'incertitude produit nécessairement : des tâtonnements et des erreurs, car les facteurs sont tellement mouvants que la solution imaginée quelques semaines plus tôt peut finalement ne pas être pertinente. Mais admettre que l'erreur n'est pas une faute, qu'il n'y a pas forcément les bons d'un côté, ceux qui avaient tout compris, et les mauvais de l'autre, ceux qui ont été incapables d'anticiper, cela suppose une forte maturité démocratique.

Notre réflexe collectif face à l'erreur consiste à nous dire : qu'est-ce qu'ils sont nuls ! Encore une fois, il ne s'agit pas de dire que la transparence justifie ensuite les erreurs. Il s'agit de dire que l'erreur n'est pas le synonyme de la médiocrité ou du complot.

Sans une forme de contrat social sur ce sujet, nous vivrons à nouveau cette incompréhension lors des crises à venir, qu'elles soient sanitaires, environnementales ou géopolitiques.

Le pari démocratique, c'est cependant tout sauf un pari pascalien. C'est un acte éclairé. Il procède au fond d'une forme de nécessité historique. Il ne s'agit pas de concéder cet exercice de transparence et d'espérer seulement que les citoyens seront à la hauteur, ce qui serait *de facto* une autre forme de verticalité. Non, la lucidité, souvent associée à la froideur ou au constat des limites ou des échecs, imposerait ici l'optimisme. Car considérer que ce risque de dire l'incertitude, d'accepter l'échec, de formuler ses propres remises en cause, de dessiner des voies différentes en attendant que les événements nous conduisent à choisir, est supérieur au risque de dire que tout est sous contrôle ou à tout le moins que le doute n'est pas consubstantiel à l'action publique, ce serait considérer que les citoyens sont aveugles. Or la crise, du moins je l'espère, nous a collectivement fait franchir des pas immenses pour prendre conscience de l'interdépendance des systèmes, de la relativité des spécificités nationales, du caractère nécessairement tâtonnant de la prise de décision. Elle nous a aussi fait progresser de manière décisive dans notre culture scientifique. Cela pourrait paraître ironique, ce ne l'est pas. Même si, comme les responsables publics, les scientifiques ont pu se contredire, il n'en reste pas moins que la culture générale de la population sur une pandémie n'a jamais été aussi élaborée.

La focale est souvent mise sur l'affaissement généralisé des sur-moi, les mots de tous les complotistes, les « anti » ou les dingues. Je n'ai pas échappé à cela en particulier parce que les réseaux sociaux sont un miroir grossissant mais surtout déformant de l'expression des extrêmes. Lorsque vous recevez des menaces, lorsqu'un dimanche votre boîte mail explose sous les messages avec pour objet « Nuremberg », vous annonçant que tels les criminels nazis vous finirez par être jugé, il est difficile de relativiser, de tout mettre à distance. Et pourtant, dans le dialogue quotidien avec les professionnels de santé dans leur diversité, dans ce qu'il me restait de vie sociale, sur la boucle de l'équipe municipale de Saint-Hilaire-de-Brethmas, j'ai lu de la colère bien sûr, de la moquerie, elle ne m'a pas échappé, mais aussi et avant tout beaucoup de lucidité sur le fait que chacun « faisait au mieux ». Sur le coup, je me disais souvent, après être allé chez un commerçant : les gens sont plus gentils que je ne le croyais. Mais cette idée était un peu sotte : les gens sont simplement intelligents et ont compris assez vite que la bataille était engagée sur tous les fronts et que les prêcheurs de certitudes n'étaient pas plus rassurants que ceux qui pouvaient formuler leurs hésitations.

Au fond, ne pas taire cette complexité était le seul acte respectueux de l'intelligence et de l'histoire démocratiques de notre pays.

Il demeure un mot que j'hésite à écrire, celui de colère. Au cours de la crise en effet, beaucoup ont fait part de leur colère, de leur rage parfois. Des soignants évidemment, des familles de victimes du Covid, des responsables politiques aussi et bien sûr une part de la population face aux mesures décidées pour faire face au virus.

Tout cela est parfaitement légitime. C'est le jeu, au sens le plus noble de ce terme, de la démocratie.

Le corollaire, d'une certaine manière, c'est que pour moi ou le plus souvent pour mes équipes, la colère m'a envahi, sans que, de là où j'étais, je puisse l'exprimer.

C'est un trait de ma personnalité sans doute, mais les personnes qui ne sont pas habitées par le doute m'inquiètent et parfois peuvent susciter mon énervement.

Je vais encore, après Notre-Dame, m'autoriser un détour par l'île de la Cité. En 2003, j'ai été pendant quelques semaines juré aux assises à Paris. Expérience évidemment indélébile. Je n'ai pas le droit d'évoquer, même vingt ans après, des éléments du délibéré, mais je peux dire que tous les éléments du dossier convergeaient vers la culpabilité de l'accusé, que même ses avocats ou ses proches se limitaient à souligner le risque que ce très jeune homme sorte de prison dans un état pire qu'il n'y était entré, plutôt que de chercher à nous convaincre de son innocence. Et ainsi, alors précisément qu'il n'y avait pas beaucoup de place pour le doute, celui-ci me saisit, assis autour de la table ovale dans la pièce réservée aux délibérations des jurés et magistrats professionnels jouxtant la salle d'audience.

Un doute irrationnel qui n'avait au fond qu'un motif, celui de ne pas vouloir voir la terrifiante vérité de crimes atroces et misérables. Il y avait sans doute des explications psychologiques, sociales, des failles qui faisaient que notre système éducatif ou de protection sociale n'avait pas pris en charge ce jeune homme plus tôt. Mais à la fin il était un assassin. Je me souviens très bien d'avoir partagé avec les autres jurés cette question. On dit souvent que le doute doit profiter à l'accusé, mais ce doute, au fond, doit être un doute raisonnable. Et si le doute est un réflexe humain pour se protéger d'une réalité parfois trop violente, le doute raisonnable est un exercice intellectuel plus difficile. D'une certaine manière, vingt ans après, je continue à douter de la culpabilité de ce jeune homme, mais je sais que ce doute n'est pas raisonnable.

Combien de fois sur les plateaux de télévision ou à la radio m'a-t-on objecté les certitudes de tel ou tel. Combien de fois ai-je entendu certains à quelques semaines ou mois d'intervalle revenir sur ce qu'ils avaient dit, sans donner l'impression de se contredire mais en faisant plus simplement comme s'ils n'avaient jamais dit l'inverse. Parfois, il y avait une forme de jalousie, alors que je préparais mes propres interventions médiatiques et que je me disais que, pour ma part, je devais être plus prudent et parfois me mettre en risque de dire mon ignorance. Je crois d'une certaine manière que, même sans être un scientifique et ayant d'abord été formé par les sciences humaines et sociales, je mettais l'utilisation du doute presque au sommet de la hiérarchie des qualités des grands scientifiques. Il y avait comme un front renversé parfois. Le fonctionnaire disant ses doutes et certains médecins disant leurs certitudes. Ils ont eu raison souvent ou parfois. Au fond, ce n'est pas la question essentielle. Celle qui continue de me tarauder, c'est pourquoi tant de personnes dans cette crise ont-elles voulu être définitives ? Pourquoi certains n'ont-ils jamais accepté la critique ? L'épisode de l'hydroxychloroquine n'est en cela que la face émergée d'un iceberg bien plus massif. Cette petite histoire dans la grande pourrait n'être que contingente, absurde même, si elle n'avait contribué à nourrir ce sentiment que ceux qui détenaient la vérité étaient bâillonnés.

Oui, j'ai ressenti de la colère quand certains, alors qu'ils en avaient les moyens intellectuels, n'ont pas cherché à accepter la complexité de la situation, n'ont pas un instant retenu leurs coups en pilonnant les orientations prises, mais surtout les personnes bataillant pour les mettre en œuvre, tout en se drapant dans la certitude d'assener des vérités définitives.

Les comparaisons internationales sont une bonne illustration de cela.

Chaque jour, chaque soir lors de l'échange autour du directeur de cabinet, du directeur général de la santé Jérôme Salomon, dont la tâche était écrasante, et de la directrice générale de l'offre de soins Katia Julienne, nous analysions les données internationales…

autant qu'elles pouvaient l'être. Une chose me semble certaine : nous avons eu un des systèmes de recueil de données liés à l'épidémie le plus complet des pays développés. Mais nous ne savions pas exactement à quoi nous nous comparions. La mortalité en EHPAD en France est évidemment très liée à la proportion plus élevée que dans le reste de l'Europe de personnes dépendantes hébergées dans ces établissements. Je pense notamment à la Suède, qui avait conduit jusqu'à présent une politique forte du « tout domicile », ou aux pays du Sud où les personnes restent hébergées plus longtemps, souvent jusqu'à leurs derniers jours, dans leur famille.

Le nombre de lits de réanimation est-il nettement inférieur en France que dans d'autres pays ? Un rapport récent de l'Inspection générale des affaires sociales montre à quel point la comparaison des chiffres est difficile car nous ne mettons pas d'un pays à l'autre les mêmes réalités derrière les mêmes mots. Il conclut à la nécessité d'ouvrir de nouveaux lits de réanimation en France, autour de 1 000 au cours des prochaines années. On est cependant loin des comparaisons qui étaient faites avec l'Allemagne, où, à entendre certains, c'étaient en dizaines de milliers de lits que devait être évalué notre retard.

De la même façon, on pense à tous ces pays qui ont été les uns après les autres présentés comme les meilleurs élèves de la gestion de crise. Je mets de côté la Chine car je reste toujours stupéfait que certains, en France, aient prêté plus de crédit aux affirmations du gouvernement chinois sur sa façon de faire face à l'épidémie qu'à celles du gouvernement français. Mais quel pays, à l'issue de cette période, pourra-t-il dire qu'il a tout réussi, pris chaque fois les bonnes décisions ? Aucun, je crois. Chacun a essayé des stratégies. Elles ont pu fonctionner un moment puis il a fallu les adapter, voire y renoncer totalement. Chacun, en fonction de ses caractéristiques géographiques et démographiques, a misé en priorité sur telle ou telle mesure : le zéro Covid, le confinement préventif, la recherche de l'immunité collective…

Mais au fond, c'est toujours l'épidémie qui a donné le *la*. Et le nombre d'inconnues est encore bien supérieur au nombre de données désormais stabilisées.

Cela aurait dû conduire à la modestie dans le pilotage de ces événements comme dans la critique de celui-ci.

Pour le dire par l'absurde, il y a des moments où je me suis demandé comment nous pouvions réaliser le prodige d'être à ce point mauvais sur tous les fronts. Cela en devenait presque de l'art. Je n'ai pas caché dans ces lignes à quel point nous avons parfois tâtonné, mais de là à être voué aux gémonies comme nous l'avons été, je pense qu'il y a un pas.

Une instance que j'ai pu approcher régulièrement a eu un rôle particulier et précieux, c'est le Conseil scientifique. Sa mise en place a constitué un apport majeur. À deux reprises j'ai été entendu par le Conseil pour évoquer les expériences que nous conduisions en Île-de-France, d'abord autour des opérations de dépistage dans les quartiers les plus touchés par la première vague, ensuite quand nous doutions de la précision des données de séroprévalence. Chaque fois que j'échangeais avec Jean-François Delfraissy, individuellement ou avec le Conseil, j'étais impressionné et je ressortais rasséréné par le fait que, sans doute en partie par politesse, les questions que je leur relayais ne leur paraissaient pas absurdes et nos conclusions les intéressaient. Au-delà de leur président, les discussions avec les professeurs Yazdan Yazdanpanah et Xavier Lescure, ou loin de l'épidémiologie avec le sociologue Daniel Benamouzig, m'ont montré que le doute restait une valeur cardinale pour ces grands scientifiques. Et cela me faisait du bien. Je le dis aussi simplement que cela car j'avais quelques autres occasions d'être blessé. Pour les équipes, pour moi, pour tous ceux qui, à tous les étages de la République, faisaient face, et seul le temps nous dira s'il y avait une solution miraculeuse que personne n'aurait identifiée, comme un « compte est bon » aux *Chiffres et des lettres* que Bertrand Renard sortirait de sa manche, alors qu'aucun candidat ne l'avait trouvé.

Mais je pense qu'il faut aller plus loin encore et que cela pose aussi la question de la responsabilité. Ce n'est pas simplement une question de ressenti, de perception de l'injustice des critiques ou de leur violence : je pense que la crise ne peut pas se voir appliquer en tout point la grille de lecture du temps de paix.

Les catégories juridiques avec lesquelles seront regardées et finalement jugées les actions de chacun des responsables publics sont faites pour un monde de la certitude. Le seul ressort du principe de précaution face à une situation incertaine ne peut évidemment pas fonctionner car il fallait agir, parfois avec peu d'éléments, toujours dans le doute. Or, au terme du raisonnement, en droit, il y a des actes illégaux ou légaux, il y a faute ou absence de faute ; celle-ci peut être intentionnelle ou pas ; détachable du service ou non... Bien sûr il demeure des éléments pour lesquels c'est évident et les faits sont là, c'est le quotidien des juridictions. Mais est-on sûr de pouvoir reconstituer *a posteriori* tous les choix, leurs motivations, leurs fondements ? L'enjeu majeur ne réside-t-il pas dans le fait de démontrer que l'on a, sur tous les sujets, choisi en fonction des éléments les plus complets possible, en faisant la balance entre ses incertitudes, ses doutes cartésiens, plus que la balance entre des solutions assurées ? Au fond, n'est-ce pas l'exercice du doute comme corollaire de l'action qui est le gage le plus sûr pour avancer en zone de turbulences ?

Douter, c'est se dire que l'omniscience est impossible. Douter c'est également se dire que l'omnipotence l'est tout autant. En cela aussi le rôle de l'État est amené à évoluer.

On peut sans doute à ce stade risquer une hypothèse. N'existe-t-il pas une forme de contradiction, quasi ontologique, entre, d'un côté, ces principes selon lesquels ni l'omniscience ni l'omnipotence n'existent dans les crises qui secouent nos sociétés complexes et, d'un autre côté, une structuration des légitimités, qu'elles soient politiques ou scientifiques, reposant au fond sur les fondations, fussent-elles érodées, qui créent une forme d'équivalence entre pouvoir et savoir, entre domination et certitudes absolues ? D'une certaine façon, on pourrait figurer les modèles d'exercice du pouvoir, des pouvoirs, selon un axe vertical tandis que de l'autre côté l'incertitude, le fait qu'aucun acteur ne détienne à lui seul la vérité ou l'intégralité des leviers renverraient à une approche plus horizontale[1]. En ce sens, il est frappant de voir que, si chacun se représente bien la verticalité de l'organisation du pouvoir politique et de l'État qui conduit à ce que l'on attende de l'échelon situé au-dessus de soi qu'il en sache un peu plus ou qu'il puisse agir de façon plus ample, on constate au fond la même organisation dans le monde scientifique. Les titres justifient les certitudes. C'est une évidence, les plus grands chercheurs ou les plus grands médecins sont plus susceptibles que quiconque d'éclairer la situation et de poser des hypothèses. Mais force est de constater que ce sont beaucoup plus souvent des

1. Je dois la figuration de cette image à un échange sur une première version de cet ouvrage avec mon ami Christophe Prochasson, historien et directeur d'études à l'EHESS. C'est un sujet que, par la suite, j'ai régulièrement abordé à l'École dans le séminaire que je conduis. Nous l'avons notamment débattu lors des séances auxquelles ont participé Sébastien Soriano et Édouard Philippe en janvier et février 2022. Chacun s'est prêté au jeu de cette pérégrination intellectuelle conjointe, nourrie des échanges si précieux avec les étudiants ou enseignants participant à ce séminaire. Je dois dire ma dette particulière vis-à-vis de Marion Fontaine, professeure d'histoire à Sciences Po et remarquable contributrice.

affirmations d'autorité qui ont été formulées que des hypothèses soumises au débat, à la controverse.

Et c'est à la vérité l'intégralité de ces formes d'exercice du pouvoir et de la domination que les années que nous traversons interrogent et remettront en cause. D'ailleurs, les premières enquêtes conduites sur la confiance des Français dans les scientifiques dix-huit mois après le début de la crise montrent un net décrochage, supérieur à 25 %, de celle-ci. Avec retard sans doute, c'est le même scepticisme qui s'empare des Français face à une parole scientifique sentencieuse, comme il joue pleinement vis-à-vis des politiques depuis bien des années maintenant. Cette confrontation de l'horizontalité et de la verticalité ne résume pas la situation, car par ailleurs, fût-ce avec défiance, ce sont bien des millions de Français qui écoutaient les conférences de presse du Premier ministre et du ministre de la Santé.

De ce point de vue-là, cela signifie que prendre le risque de la transparence et de l'expression du doute n'est pas à la vérité contradictoire avec la figure du pouvoir d'État qui suppose, ontologiquement là aussi, une forme de verticalité. Dit autrement, la figure politique n'est pas sortie amoindrie de l'expression de l'incertitude, car la formuler n'est pas une façon de refuser d'agir. C'est assumer au contraire de prendre des décisions qui ne peuvent pas répondre aux critères de rationalité habituels. L'autorité doit décider avec moins d'éléments stabilisés, voire avec des avis opposés, et elle doit aussi favoriser l'émergence d'une mobilisation collective, car tout n'est pas entre ses mains. Elle peut être contestée ou mise en cause sur ses choix mais ma conviction, c'est que notre société est assez mûre pour accepter cette dialectique entre la traditionnelle verticalité associée au pilotage d'une crise et l'indispensable horizontalité de la construction des actions conjointes entre l'État et la société civile.

Ce sur quoi, au fond, nous avons collectivement échoué, c'est l'élaboration d'un processus de délibération collective, dans l'espace public, au sens habermassien du terme, qui permette de faire émerger des positions, pas nécessairement consensuelles, mais à tout le moins susceptibles de faire l'objet d'une discussion organisée. De ce point de vue, la course à la vérité unique, pour être celui qui l'avait dite ou dénoncée avant les autres, a été délétère. Mais le reproche s'adresse en premier lieu aux organisations et aux pouvoirs publics qui auraient gagné à construire en temps réel des outils de structuration d'un débat rationnel et, par là même, démocratique. Nous ne sommes pas parvenus à le faire, cela me semble pourtant désormais, de façon structurelle, une des fonctions de l'État quand il est placé face au risque de la crise.

Chapitre 4

GARANTIR LES COALITIONS

À entendre certains analystes de la gestion de la pandémie, on a le sentiment que deux camps irréconciliables se sont fait face : d'un côté, celui de la levée en masse des soignants, de l'engagement et du courage, celui aussi des initiatives individuelles, précieuses et pour certaines audacieuses et, de l'autre, celui de la bureaucratie, de règles centralisées tatillonnes, de l'incurie au pire, de l'imprévoyance au mieux. Ce qui aurait bien fonctionné serait finalement le résultat d'un processus n'ayant rien à envier à la célèbre « main invisible », et ce qui aurait échoué procéderait de l'incapacité même d'un État démocratique à faire face à une crise de cette ampleur.

L'alternative est trop caricaturale pour être prise comme une prémisse. Il n'empêche que manque encore à ce stade un effort de synthèse raisonné de ce qui a été fait, tenté, ponctuellement ou plus structurellement. Au-delà des témoignages de nombreux acteurs, des travaux précieux recensant une partie des initiatives prises ont été engagés[1]. Ils sont utiles et éclairants, car ils montrent que dans des formes et des modalités souvent inédites, la société française, la puissance publique, comme les entreprises ou des initiatives citoyennes, y ont fait face avec sans doute beaucoup plus d'agilité qu'on ne le dit.

On aura beau la chercher, fût-ce avec une lampe bleue, on ne trouvera pas trace de la main invisible. Cette crise en est l'antithèse. Cette crise a été pilotée, certes parfois à vue, et elle a été administrée sans cesse.

Cette affirmation est-elle l'autre nom d'un satisfecit pour un responsable public qui a eu à orchestrer la réponse en Île-de-France du système de santé au cours de ces longs mois ? Nullement. Mais ma conviction, c'est que cette période a produit plus d'intelligence collective qu'on ne le dit souvent, justement parce qu'elle a percuté l'État. Fortement. Elle l'a percuté dans sa capacité à dire le long terme, à être un stratège tenant un cap sans en dévier, mais, plus profondément, elle l'a poussé à se repositionner dans la société.

Pour une part de l'opinion, notamment certains acteurs institutionnels et élus, l'État aura été fautif en raison de la lourdeur, de la bureaucratie, de la pusillanimité

1. Isabelle Aubert, Caroline Jobin, Frédéric Kletz (dir.), *Crise Covid et organisation du système de santé. Témoignages et regards croisés*, Paris, Presses des Mines, 2021. On y lira notamment l'article d'Antoine Loron sur la construction conjointe entre un partenaire privé et l'ARS de l'outil « Renforts Covid » au mois de mars 2020.

dans les décisions. Pour certains encore, il a été en retard par rapport à des initiatives de la société civile, par exemple dans le traitement et la mise à disposition du public des données, que des opérateurs publics eux-mêmes produisaient pourtant.

Il y a comme un goût de désenchantement.

Un désenchantement supplémentaire, pourrait-on dire, qui fait suite à des réformes, assumées ou non, qui ont, c'est un fait historique désormais, affaibli la puissance publique.

Dans un pays comme la France qui s'est construit autour de son État, on entend même, à droite comme à gauche, des formes plus radicales de cette critique, certains parlant, au-delà de son inefficacité, de son inutilité dans certains domaines de l'action publique sur lesquels, jusqu'à présent, son intervention n'était pas remise en cause.

L'objet « État » devient de plus en plus difficile à cerner. Les déclarations martiales sur le fait qu'il doit être « tenu », « piloté », que certains champs pourraient même être confiés à l'armée, côtoient le constat dans les territoires, mais aussi en administration centrale, d'un manque d'attractivité, de la perte de certaines compétences techniques, de l'impossible maintien en alerte de tous les dispositifs accumulés au fil du temps. On semble assister au fond à une forme de dérive des continents entre ce que certains continuent à croire qu'il est et ce qu'il est effectivement aujourd'hui. Comme un écho à ce paradoxe bien connu qui voit coexister une attente de « plus d'État », de plus de services publics sur les territoires, et en même temps la critique sur sa lourdeur et son coût. Le mouvement des gilets jaunes, par exemple, disait ainsi à la fois un sentiment d'abandon et un sentiment de trop forte pression, en matière de prélèvements fiscaux et sociaux notamment.

Nous avons tous un rapport intime avec l'État. Il n'est pas étonnant qu'il soit l'objet de fantasmes, de sentiments mêlés, d'attentes et de colère. Il n'est pas en France un objet désincarné, et les demandes exprimées sont à la hauteur de sa présence dans l'histoire et aujourd'hui encore dans nos vies quotidiennes.

Il est temps de poser la question de la confiance. Il ne s'agit pas de savoir ici si la puissance publique a été à la hauteur, car cette réponse au fond appartient au débat démocratique, peut-être juridique. On pourrait tenter de formuler la question ainsi : quel État a-t-on vu à l'œuvre dans la crise ?

Bien qu'on ne dispose pas de la profondeur de champ suffisante pour déployer ici une analyse complète, il se dessine cependant selon moi plusieurs piliers, qui vont des fonctions traditionnelles de l'État à un champ nouveau dans lequel celui-ci doit revoir son rôle, par rapport aux acteurs de la société civile comme aux autres pouvoirs publics, en passant par la mise en œuvre de fonctions, bien établies sur le papier, mais dont l'intensité a changé la nature.

L'État a d'abord assumé son rôle fondamental. Celui que même l'économie politique classique veut bien lui reconnaître. Avec des incertitudes, car aucune recette magique ne s'imposait d'évidence, avec des rebonds car il a fallu revenir, réadapter, parfois dans des délais extrêmement brefs, ce qui avait été décidé auparavant, l'État a fondamentalement rempli son rôle de protecteur.

Il a protégé du délitement économique et social en menant la politique du « quoi qu'il en coûte ». Il faut mesurer le renversement complet de logique, opéré en quelques semaines, pour venir en soutien du pacte économique et social de la nation.

Il a protégé sur le plan sanitaire en assurant, et c'était la mission essentielle des agences régionales de santé, la montée en puissance du système de santé, l'allocation des ressources, la recherche des moyens. Nous n'avons pas connu en France de décès massifs dus à la saturation du système hospitalier. Il faut dire les choses clairement, c'est bien cela qui nous a hantés : que l'on assiste en France à des scènes semblables à celles de l'hôpital de Bergame en Italie, où des personnes mouraient sur des brancards faute de lit. Je cite cet exemple en sachant parfaitement que c'est le prix de la démocratie qui fait que nous avons pu savoir ce qui se passait en Italie, tandis que les zones d'ombre sont encore très nombreuses sur ce qui s'est passé réellement en Chine ou dans des régimes autoritaires. Ces images étaient ancrées, marquées au fer rouge dans nos rétines, et figuraient la catastrophe. Nous aurions pu vivre cela. Nous ne l'avons pas vécu. Je ne formule cela qu'avec gravité, presque avec retenue et sans aucune forme d'autosatisfaction. Car tout cela est passé à quelques lits près. La situation aurait pu être hors de contrôle.

Chacun des acteurs du système de santé a pris sa part. C'était notre mission. Elle était dans nos têtes, mais pas uniquement là : la peur était dans le ventre, les dents étaient serrées. Il n'y avait rien de guilleret dans tout cela, c'était plutôt une énergie, ni celle de l'espoir, ni celle du désespoir, une énergie qui ne pouvait être discutée, le sillon devait être creusé quoi qu'il en coûte et la peur, moins que jamais, ne saurait à elle seule éloigner le danger. Comme face à la maladie, j'ai eu le sentiment que ce n'était même pas le cerveau qui dirigeait les manœuvres, mais l'instinct, le corps. C'était une bataille physique, comme si seul le système nerveux périphérique l'avait menée. J'ai toujours été mal à l'aise, lorsque j'ai été gravement malade, comme quand je dois parler avec des proches affrontant la souffrance, face à l'invocation du courage, qui vient naturellement. Je n'ai jamais ressenti, lorsque j'étais moi-même en réanimation, une sorte de mobilisation interne, au son du clairon, pour remotiver des forces assoupies dans une sorte, ici encore, d'héroïsme. J'ai plutôt l'impression que c'est mon corps qui avait décidé de lutter. Lui seul. Et qu'il déciderait de l'intensité de ce combat, de sa durée et qu'un jour peut-être il lâcherait prise. Dans les jours et les nuits les plus durs, c'est au fond le même constat que je fis, c'est le système de santé tout entier qui a tenu, la résilience était ancrée en lui, sans que l'on ait à formuler le mot. Ce « système » vit chaque jour, vingt-quatre heures sur vingt-quatre, avec la mort comme compagne, il sait la regarder en face, il a réussi à conjurer le pire. Nous en avons été les agents autant que les pilotes.

L'absolument anormal et le finalement normal se côtoyaient donc de très près. Ils devenaient presque une même réalité. C'était inimaginable, vertigineux et terrifiant mais pourtant la nature de cette mission, nous la connaissions déjà. Elle était dans notre ADN, dans nos réflexes au sens physiologique du terme, dans le sens même de notre engagement et dans nos compétences, au sens juridique du terme.

Au fond, il s'agissait pour l'État d'être solide sur ses fonctions régaliennes.

Bien sûr, il existe des domaines sur lesquels nous aurions pu mieux faire. Cela ne fait aucun doute. Et d'ailleurs d'une vague à l'autre, en nous appuyant sur les connaissances scientifiques qui, elles-mêmes, progressaient, nous avons adapté nos réponses. Nous avons progressé, appris de nos erreurs, car même cette fonction première de l'État qui doit protéger les citoyens est, dans certaines situations extrêmes, très difficile à assumer.

Mais, s'il y avait les fondamentaux, la crise nous a aussi contraints à jouer sur d'autres terrains, jamais totalement inconnus, mais où la nature même de l'intervention publique devait évoluer. C'étaient des pans entiers de politiques publiques qu'il fallait inventer. Ce ne sont pas que des mots. Derrière cela, il y a des décisions, des prises de risque, des erreurs, des réussites aussi, dont certaines devront perdurer.

L'État a été, et je crois que c'est le cœur de sa transformation, un garant des coalitions.

Les réponses les plus efficaces à cette crise ont été construites ainsi.

Dans nombre de champs, son rôle de garant de l'efficacité des liens entre les différentes parties prenantes impliquées dans ces coalitions était prévu par des textes, même si tout n'avait pas été planifié, loin de là. C'est le cas par exemple pour la course d'obstacles et de vitesse dans laquelle nous nous sommes engagés dès fin janvier 2020 pour planifier et organiser concrètement la montée en puissance du système de santé. Ce sont des centaines de réunions, des milliers de lignes de tableaux chiffrés pour assurer l'appariement entre les ressources et les besoins. C'était notre boulot. C'était notre compétence et nous disposions de l'autorité pour le faire.

Je mets dans cette catégorie l'action inédite de coordination de la mobilisation collective et du soutien réciproque entre l'hospitalisation publique et l'hospitalisation privée. Nous n'avions jamais eu à construire un tel dispositif, mais cela relevait bien de nous et d'ailleurs tous les acteurs nous ont reconnus légitimes et savaient faire appel à nous quand les relations devenaient moins fluides. Je reste admiratif et presque souriant, même avec le recul, quand je repense qu'au pic de la première vague nous sommes parvenus à construire un système d'information partagé dans lequel tous les établissements de santé publics et privés renseignaient chaque jour, plusieurs fois par jour même, leurs stocks de médicaments critiques, ceux indispensables à la sédation en réanimation. Je reste fier, tout simplement, que les résistances à cet exercice totalement inconnu se soient aussi vite estompées et que pendant des jours, qui resteront dans l'histoire comme parmi les plus tragiques, un hôpital public ait pu bénéficier des stocks de curare et autres molécules indispensables à la sédation qu'une clinique privée avait constitués… La force de l'évidence s'était imposée face à la force des habitudes ou des préjugés.

Mais il serait trop facile de s'en tenir à cette coordination avec le privé, trop superficiel de ne mentionner que cette fierté.

Quand on se lance dans un travail d'écriture, surtout quand on dit vouloir assumer le caractère partiel et la forme de partialité inhérente à cet exercice, on sait qu'il y a des sujets qu'on ne voudrait pas évoquer. Soit que cela renvoie à des moments trop durs que l'on souhaiterait oublier, soit plus souvent qu'on ait le sentiment de l'avoir déjà trop dit, trop répété, de s'être justifié déjà des dizaines de fois sur des sujets qui n'avaient pourtant pas paru être des échecs.

Pour ma part, dans cette dernière catégorie, se trouve cette question centrale de l'organisation de l'État sur le terrain, de la coordination entre acteurs étatiques eux-mêmes. Je me résous à y revenir car ces questions continuent à m'être posées comme si elles étaient gênantes, comme si elles pointaient des dysfonctionnements majeurs, comme si c'était sur ce sujet que la crise nous avait le plus appris. Même si je ne livre ici qu'un témoignage, par essence discutable, je le formule cependant avec une conviction solide, je ne crois pas que le temps me conduise à embellir la réalité que j'ai vécue, sur le plan personnel comme sur celui des relations institutionnelles. Des amitiés se sont nouées, à tout le moins des relations de confiance très fortes, mais mon point de vue n'est pas sentimental, j'assume ici que le haut fonctionnaire donne un point de vue sur la performance de l'organisation administrative de notre pays, point de vue qui, j'en ai conscience, n'est pas nécessairement le plus populaire.

La question qui revient le plus fréquemment, et a d'ailleurs fait l'objet de longs développements dans les rapports d'enquête parlementaires, c'est celle des relations entre les ARS et les autres services de l'État et notamment les préfets. Il n'est pas question ici de développer la thématique de l'organisation institutionnelle en général. Sur un point cependant, je n'ai aucun doute et j'assume une réponse qui pourrait être celle d'un cours de « science administrative ». L'intuition qui avait conduit Roselyne Bachelot, à l'époque ministre de la Santé, à proposer un modèle d'agence intégrant les différentes dimensions de ce qui fait la santé d'une population se trouve à mon sens confortée par la période que nous traversons. La mémoire collective est sélective quand il s'agit des choix d'organisation, on oublie rapidement d'où l'on venait et les critiques de fond émises contre les modèles précédents. En l'espèce, celui des directions départementales des affaires sanitaires et sociales, totalement déconnectées de l'assurance-maladie, souvent en difficulté dans la gestion des crises, notamment du fait du rétrécissement progressif des équipes au cours des années. Les ARS ont été construites sur ce constat et, bien sûr, on aurait tort de le sous-estimer, dans le cadre global et politique d'une « agenciarisation » de certaines fonctions de l'État. Regroupant en leur sein des équipes précédemment réparties dans neuf organismes différents, les agences ont eu pour mission de contribuer au respect de l'objectif national de dépense d'assurance-maladie : c'est autour de cette question de mise en œuvre des objectifs votés chaque année dans la loi de financement de la sécurité sociale que les critiques les plus virulentes se sont exprimées. Mais elles ont aussi été conçues pour développer cette approche globale, qui ne soit pas uniquement centrée sur l'hôpital, intégrant la prévention, la promotion de la santé, le soin dans toutes ses dimensions et la prise en charge sanitaire des personnes âgées et des personnes vivant avec un handicap, ainsi que... la gestion de crise.

Les compétences des ARS sont claires, ce sont des institutions jeunes (elles ont « fêté » leurs 10 ans en pleine première vague) et qui, elles aussi, ont eu à subir en quelques années des baisses drastiques d'effectifs, lesquelles, souvent, ont joué plus fortement sur leurs délégations départementales.

De façon synthétique, on pourrait retenir deux éléments essentiels : la vision régionale d'une part et l'approche globale de la santé de l'autre. Tout au long de la période – et les choses ont peut-être été différentes dans les nouvelles grandes régions issues de la réforme de 2015, ce qui n'était pas le cas de l'Île-de-France –, ces deux éléments ont été pour moi les murs porteurs de notre action.

La vision globale d'une épidémie, dans laquelle les « déterminants de santé », au premier rang desquels les inégalités sociales, ont été à ce point des déterminants de vie ou de mort, c'est d'abord prendre en compte tous les publics, et utiliser tous les leviers à disposition en matière de prévention et de promotion de la santé. Cette épidémie qui a fait payer un si lourd tribut aux personnes âgées dépendantes vivant en EHPAD[1], a ainsi nécessité, pour les soutenir, la mobilisation de tous les acteurs de santé, notamment des professionnels de ville et de l'hôpital. Cette approche globale a été indispensable. Je risque l'expression, cette « unité de commandement » a permis de débloquer des situations et de pousser, voire de contraindre, à la coordination.

---

1. J'évoque trop peu ce front-là dans ces quelques pages. J'ai fait des choix, celui-ci me coûte plus qu'un autre car je ne rends pas justice au travail intense effectué par tous les acteurs, quand l'épidémie s'est propagée à grande vitesse dans les EHPAD, à la fin du mois de mars 2020, quand nous avons construit avec tous les acteurs un plan d'actions très concret, permettant notamment le dépistage systématique des résidents dans les 700 EHPAD de la région en avril, ou quand nous avons organisé la vaccination en priorité de ces publics en janvier 2021. Les personnes âgées dépendantes ont payé un lourd tribut à cette pandémie, il l'aurait été encore plus si les équipes sur le terrain, dans les établissements, dans les filières gériatriques des hôpitaux ou à la direction de l'autonomie de l'agence comme au ministère ne s'étaient pas engagées sans retenue pour limiter ces conséquences tragiques.

L'échelle régionale enfin était indispensable, notamment quand on sait les inégalités de répartition des lits de réanimation au sein de chaque région et le risque que les barrières institutionnelles rendent la régulation moins fluide. Or tout repose sur le fait de réduire au maximum le délai entre le moment où le SAMU ou un service d'urgence prend en charge un malade nécessitant de la réanimation et celui où un lit est identifié dans un hôpital donné. La régulation, cet appariement entre le malade, ses besoins et le service le mieux à même de le soigner le plus rapidement possible, est donc un facteur clé. Cela n'aurait pas été à proprement parler impossible si le pilotage du système de santé avait été organisé à une échelle départementale, mais je suis certain que les « coûts de transaction », le temps de coordination nécessaire, auraient rendu le système moins fluide, moins performant et auraient donc conduit à des pertes de chances pour les malades. Sur ces ressources rares, dans des moments critiques où seuls quelques lits disséminés dans la région restaient disponibles, le pilotage centralisé a été un atout décisif.

La seconde partie de la question porte sur les liens entre les différentes administrations : n'y aurait-il pas eu des chevauchements, des guerres de périmètres et chacune des institutions mobilisées était-elle la mieux armée pour remplir ses missions ? Ma réponse sera sans doute plus personnelle, incarnée, il faudra me croire sur parole, pourrais-je dire trivialement. Dès le premier jour de la crise, chacun des acteurs de l'État a mis au-dessus de tout la nécessité de parler d'une seule voix.

Chacun a des compétences, définies par les textes, fixées par le législateur, mais nous savions que si, à un seul moment, les prés carrés institutionnels freinaient notre action collective, nous commettrions une faute. Une faute que nos concitoyens ne nous pardonneraient pas.

Avons-nous toujours échappé à ce risque ? Sans doute pas. Il a fallu parfois des ajustements, par exemple pour que nous mettions plus rapidement à disposition les données dont nous disposions au niveau des ARS, fussent-elles non totalement consolidées, car dans la tempête, face aux demandes légitimes des élus et des populations, la fluidité de l'information était un enjeu majeur, nécessitant un investissement de tous les instants. Mais je sais que pour ma part, et les équipes de l'agence l'ont immédiatement compris, il n'était pas question de s'enfermer dans une posture. Certes la crise était avant tout sanitaire. Certes, c'était notre métier d'accroître la capacité d'accueil des hôpitaux, mais nous devions tout partager avec les représentants de l'État. Du reste, dès le mois de février, au nom du Premier ministre, son directeur de cabinet Benoît Ribadeau-Dumas nous avait convoqués, le préfet de région, le préfet de police et moi. Je crois qu'il avait confiance en chacun de nous. Les relations étaient constantes et régulières, mais il avait voulu s'assurer et nous le formuler, avec une économie de mots qui évite parfois les interprétations trop complexes, que nous devrions tout faire à trois et présenter à chaque instant une parole coordonnée. Il ne tolèrerait pas que nous nous tirions dans les pattes. C'était sans doute évident mais nous sortîmes de ce rendez-vous, dans ce bureau du premier étage de Matignon dans lequel j'avais passé tellement d'heures à travailler avec Véronique Bédague quelques années auparavant, en ayant les idées encore plus claires et la ligne nettement tracée. Sur ce plan, Michel Cadot, préfet de région jusqu'à l'été 2020, puis Marc Guillaume à sa suite, ont aussi donné le tempo du côté de l'administration territoriale. Ce furent, avec Magali Charbonneau, leur directrice de cabinet, des appuis réactifs et bienveillants avec qui les relations ont été quotidiennes, directes, en un mot infiniment précieuses. Il en fut de même avec le préfet de police Didier Lallement, toujours solide et solidaire, appuyé notamment par la secrétaire générale de la zone de défense Marie-Emmanuelle Assidon, qui veillera à ce que le pack de l'État reste bien groupé, notamment dans l'orage de la vaccination. Souvent les relations passées permettent de construire plus vite la confiance et, pour ceux avec lesquels nous n'avions pas déjà fait face à des crises ensemble, cette fluidité s'est construite solidement. Transparence et solidarité ont été les maîtres mots avec les préfets. La période de déploiement des opérations de test dans les quartiers les plus populaires, puis la montée en puissance du dispositif de vaccination ont permis d'éprouver et d'affermir ces liens. Pour beaucoup d'entre eux, ils resteront indéfectibles. Ils le seront aussi avec les directeurs des délégations départementales de l'agence, car je sais, et je n'en cite que quelques exemples, que les tandems formés par Jean-Jacques Brot, préfet des Yvelines et Marion Cinalli, celui entre Amaury de Saint-Quentin et Anne Carli dans le Val-d'Oise, ou dans l'Essonne d'Éric Jalon et de Julien Galli étaient robustes, fiables et marqués par une confiance réciproque qui n'a jamais été mise en cause. Je pense aussi aux liens quotidiens, francs, loyaux, efficaces, avec l'assurance-maladie et notamment Pierre Albertini, directeur de la CPAM de Paris et coordinateur régional pour la gestion du risque, qui a été un acteur trop peu salué de cette bagarre pied à pied.

Est-ce qu'à mon tour je réécris l'histoire en rose ? Est-ce que je m'enferme dans le déni sur les critiques contre les ARS, certaines venant de l'intérieur de l'État lui-même ?

J'ai eu à répondre à ces questions sous serment, devant les Chambres ou devant la Cour de justice de la République. Mes réponses n'ont pas varié. La mission était trop exigeante pour que nous nous perdions dans des querelles oscillant entre le dérisoire et le minable au regard de ce que nous traversions. Chacun de nous le savait intimement.

Nous ne pouvions demander à tous les acteurs de s'engager dans des coalitions si nous-mêmes, du côté de l'État, ne parlions pas d'une seule voix. Ce n'est pas une manière de clore le sujet, de balayer les débats mais simplement l'expression d'une conviction personnelle qui, je l'espère, nourrira les discussions à venir au terme de cette trop longue épidémie.

Dans nombre d'autres cas, ce rôle est non pas d'une intensité mais d'une nature différente. Face aux enjeux spécifiques de la crise, il a fallu inventer simultanément des coalitions et le rôle de l'État dans ces coalitions.

Dans un système aussi complexe que l'action publique, il y a peu de chances qu'un seul acteur maîtrise toutes les données et tous les leviers pour piloter les différents enjeux. C'est en outre d'autant moins évident qu'à la différence du secteur privé, où – *in fine* – la maximisation du profit reste la cible de premier rang, même si elle peut être modulée bien sûr par des objectifs de responsabilité sociale ou environnementale et des approches de long terme, dans la sphère publique, il est parfois difficile de déterminer cette cible principale, ou plus exactement l'on doit poursuivre simultanément plusieurs objectifs ayant le même rang de priorité. Aussi les équations politiques et par conséquent administratives comportent-elles plus d'inconnues que de certitudes.

Des principes, chacun essentiel, se percutent et les arbitrages sont souvent rudes et rugueux. Il y a évidemment des sujets très classiques : préservation de l'emploi *versus* protection de l'environnement ; conciliation entre libertés publiques et exigences nouvelles en termes de sécurité face à de nouvelles menaces… On pourrait citer nombre de ces difficultés que chaque responsable public a eues à trancher. Pendant la crise, c'est l'avancée sur une « ligne de crête », pour reprendre l'expression d'Édouard Philippe, entre la santé de la population et le risque d'effondrement économique et social du pays qui a fait figure de défi chaque jour renouvelé…

Il faut accepter cette impossibilité de l'omniscience comme point de départ. Aucun acteur, même pas l'État, ne peut tout contrôler et, même dans les domaines où les sujets sont entre ses mains, certaines alternatives sont en effet des apories.

Car nous avons eu à affronter des situations d'une infinie complexité. Et, face à cela, certains rêvent encore d'un État stratège, disposant d'une vision à la fois globale et précise, ou à tout le moins d'un jardin à la française des compétences et des responsabilités. La vaccination a souvent été réduite à des enjeux logistiques. Comme si le sujet s'était à la fin résumé à des camions, à la disponibilité de seringues et de salles. Mais enfin, il faut un instant ouvrir la focale, accepter d'entrer dans la boîte noire. La vaccination, ce sont des dizaines, des centaines de variables, à maîtriser simultanément. Combien de doses ? Quelles cibles vaccinales ? Quels dispositifs pour atteindre les plus fragiles ? Doit-on répartir les doses disponibles selon une clé uniquement démographique ? Comment renforcer les acteurs essentiels, comme les remarquables pharmaciens des hôpitaux chargés de gérer les stocks ? Comment communiquer quand tel ou tel vaccin convainc nettement moins la population qu'un autre ? Quelle forme de consentement recueillir pour des personnes totalement dépendantes ? Comment mettre en place un dispositif, inédit par son ampleur, de pharmacovigilance pour identifier tous les effets secondaires éventuels ? Comment mobiliser les professionnels ? Que faire quand des centres s'estiment déliés de l'obligation de respecter des priorités ? À quel tarif rémunérer leurs interventions ? Comment ne perdre aucune dose ? Faut-il coupler des opérations de dépistage avec des opérations de vaccination ? Que faire lorsque l'un des fabricants baisse ses dotations à la France de plusieurs centaines de milliers de doses, alors que les rendez-vous ont déjà été attribués ?… Je choisis volontairement de mettre côte à côte des sujets très différents, pour montrer que l'imbrication des enjeux était la règle. Les sujets ont été résolus et surmontés un à un. Rarement, jamais pour tout dire, une solution miraculeuse et impensée jusque-là ne nous a permis d'aplanir simultanément, d'un seul coup de dés, toute une série de difficultés.

On le voit aussi, toutes ces questions ne relevaient pas du même niveau de décision. Beaucoup d'entre elles demandaient des orientations nationales. Certaines pouvaient être données par la « *task force* vaccination », d'autres remontaient au directeur de cabinet ou au ministre, d'autres encore faisaient l'objet d'un arbitrage de Matignon et certaines enfin nécessitaient que le Conseil de défense en délibère. Le système était bien en place, même s'il y avait nécessairement des moments de tension ou des inquiétudes. Nous étions nous-mêmes dans une situation souvent paradoxale. J'ai le souvenir de plusieurs mercredis du mois de février 2021 où nous a été annoncée l'allocation de doses complémentaires pour l'Île-de-France. C'était, sur le papier, une excellente nouvelle. C'était aussi à chaque fois un coup dur, car il fallait immédiatement se préparer à écouler ces doses sans délai. Le contrat tacite avec les Français était en effet que si la vaccination allait au rythme des livraisons et que l'on ne pouvait pas inventer les vaccins dont on ne disposait pas, en revanche, nous ne stockerions rien et que nous allouerions les doses en flux tendu. Autrement dit, des doses allouées le mercredi devaient être injectées dans la semaine, et donc souvent le week-end. Immédiatement, les équipes de l'agence à l'échelle départementale et au siège procédaient à ces allocations supplémentaires tout en sondant dans le même temps les centres sur leur capacité à absorber ces volumes. Les préfets validaient la répartition proposée au sein de leur département et aidaient à la mobilisation exceptionnelle de toutes les ressources, notamment des sapeurs-pompiers et je veux rendre ici hommage en particulier à l'engagement sans faille de la brigade des sapeurs-pompiers de Paris, dont j'ai la fierté d'être première classe d'honneur, qui aura, à chaque demande, répondu présent sur l'ensemble des quatre départements de la petite couronne. Là aussi, les rituels s'établissaient rapidement. Des échanges que, vu de l'extérieur, on aurait pu croire en tous points conformes à une discussion entre marchands de tapis avec le ministère pour savoir combien nous pouvions absorber, connaître la justification de nos stocks, la modélisation des besoins en deuxième dose, puis restituer ces éléments aux préfets dans un long message où je leur disais ce que je savais et où je leur demandais de se préparer à mobiliser tel ou tel acteur en dehors de la seule sphère publique. Ce furent des moments à la fois très difficiles, je l'ai dit, mais où les différents responsables de l'État ont été alignés. Personne n'a joué autre chose que le collectif et, pour ma part, en ayant parfaitement conscience de ne pas être un observateur objectif, je considère que le système a trouvé un rythme de croisière. La condition essentielle est le partage de l'information. L'information dans toute organisation est une marque et un levier de pouvoir. Accepter, s'imposer de la partager, c'est le seul chemin pour que la complexité de la répartition des compétences produise une mobilisation de toutes les ressources. En un mot, aucune des réponses n'était écrite. Aucune n'appartenait à un seul.

On pourrait m'objecter que cela fait bien longtemps que l'État, et c'est d'ailleurs souvent le rôle du corps préfectoral dans les territoires, est un ensemblier territorial, ne disposant pas lui-même de tous les leviers. Je pense cependant que la crise a montré que cette question a changé de nature : cela va désormais nettement plus loin. Les interventions de la société civile, organisée ou non, ont et auront un poids sans commune mesure avec ce que nous avons connu jusqu'à présent.

On est passé de la nécessité de garantir la coordination à celle de construire des coalitions.

Au fond, je ne crois pas aux jardins à la française. Non pas seulement par regret, certains jours, de ne pas avoir vécu dans la Grande-Bretagne victorienne, mais surtout parce que je pense qu'ils sont une illusion dans notre société.

Face à des systèmes complexes, il n'y a me semble-t-il pour la puissance publique que deux objectifs à suivre, avant de vouloir refonder une architecture digne de Vitruve.

Le premier, c'est que cette complexité ne doit pas peser sur les citoyens. C'est à elle d'intégrer dans son arrière-boutique cette mécanique, parfois dantesque, pour que l'enchevêtrement des dispositifs et des compétences (qu'il ne faut pas renoncer à simplifier, chaque fois que possible) ne soit pas un frein à l'accès aux droits et un facteur supplémentaire d'inégalité.

Le second, c'est d'assurer le fonctionnement des synapses. Dit autrement, il s'agit pour l'État de lever tout frein à la fluidité de l'information et de la mobilisation. Il s'agit aussi d'assurer la transparence et l'équité entre les acteurs pour ne pas détruire de valeurs et mobiliser tous les actifs disponibles, si je reprends à mon compte un vocabulaire économique. J'ai toujours été surpris par le fait qu'étaient mis dans la besace, déjà large, des manquements de la puissance publique le fait que d'autres acteurs mettent à disposition, fabriquent, construisent, imaginent des outils.

Reconnaître la légitimité d'autres acteurs, c'est accepter que, même si la compétence lui appartient, l'État ne dispose pas du monopole de l'intérêt général.

Garantir les synapses avec des communautés, des réseaux, des regroupements de citoyens déjà organisés, cela suppose un travail permanent de cartographie. Il faut connaître le terrain, y avoir des relais pour mobiliser les bons leviers, connaître les réseaux et assumer qu'ils soient différents d'un territoire à l'autre. C'est une mission en soi et j'ai pu mesurer à quel point, en quelques mois, dès avant la crise, les équipes de l'agence dans les délégations départementales avaient d'ores et déjà conçu leur mission de cette façon.

Je crois que ce mot de coalition, bien connu dans d'autres pays, comme le Canada, qui nous apprend toujours beaucoup en termes de santé publique, est apparu pour la première fois dans la crise lors de la construction de la démarche Covisan par l'AP-HP. Il s'agissait justement, autour de chaque cas suspect ou confirmé, de mobiliser les acteurs du soin, de la prise en charge sociale, de la prévention, de l'hébergement, pour apporter une réponse globale et coordonnée.

Une coalition, ce sont les expériences de mise en place de barnums de dépistage dans les territoires où nous craignions le plus que, comme l'accès aux soins, l'accès aux tests soit percuté par les inégalités. J'ai le souvenir du 22 mai 2020 à Clichy-sous-Bois, au pied des tours, comme l'on dit trivialement. La journée est belle. Quelques jours plus tôt, j'ai demandé aux équipes d'accélérer la construction de ces opérations d'« aller-vers ». Ce ne fut pas un moment facile. C'était un mercredi soir. J'avais reçu une note me présentant le déploiement de ces opérations. Sur le coup, elle me convainc, mais pourtant, au fil des heures, un sentiment s'impose à moi. Ce n'était pas fréquent et il n'y avait là rien de mystérieux, mais ce soir-là, sur ce sujet-là, je savais ce que nous devions faire. Je savais que nous devions aller plus vite et plus loin. Je savais que c'est là qu'allait se jouer une grande partie de la bataille à venir. Nous avions lutté pied à pied, en défense, face au constat de la surmortalité dans les quartiers populaires, nous pouvions prendre l'avantage dans cette nouvelle étape et faire aller les tests vers les endroits où il y avait le plus de risque que l'épidémie reste dans un angle mort de notre action.

J'ai été rude ce soir-là. Trop rude. Je me suis revu quelques années auparavant dans le bureau de Bertrand Delanoë, patron exigeant et exceptionnel, qui nous secouait parce qu'un calendrier n'était pas acceptable et que nous devions remettre notre travail sur l'établi. Je me souvenais précisément d'une forme de sentiment d'injustice, une injustice que j'imposais moi-même à des gens admirables, alors que nous avions déjà amélioré les premières hypothèses, que nous avions poussé les équipes dans leurs retranchements. Et pourtant, régulièrement, nous finissions par trouver un chemin permettant d'être plus performants, plus rapides, plus visibles pour les citoyens. C'est une des rares fois où j'ai senti que je pouvais aller trop loin, en demander trop. Les uns et les autres n'avaient pas encore repris leur souffle à l'issue d'une première vague violente, et je leur demandais de s'engager beaucoup plus fort sur un nouveau sujet. Ce n'était pas un sujet de conviction, celle des équipes était au moins égale à la mienne, mais une forme de lassitude, voire de colère face à une demande beaucoup plus complexe à mettre en œuvre que sa formulation simple d'« aller-vers » ne le laissait penser. Trois jours plus tard cependant, l'opération est bien en place. Et la crainte, à partir de là, changeait de centre de gravité. Je me demandais désormais si ce dispositif pour lequel j'avais été si exigeant « trouverait son public ».

Olivier Klein, le maire de Clichy est, comme toujours, partant pour tenter des choses. Depuis vingt ans que nous nous connaissons, depuis la magnifique aventure vécue aux côtés de mon premier patron Pierre Mansat, je sais sa détermination. Il connaît le prix qu'une commune comme la sienne a payé lors de la première vague. Les tentes du barnum appartiennent à la ville, qui a assuré la communication auprès de la population, c'est l'AP-HP qui va envoyer une équipe de préleveurs, l'assurance-maladie est là, pour ouvrir des droits à ceux qui n'auraient pas de carte vitale, des associations sont mobilisées pour accompagner le dispositif de messages de prévention adaptés, dans plusieurs langues, le sous-préfet du Raincy est des nôtres aussi, comme le président du conseil départemental Stéphane Troussel qui déploiera, comme ses collègues d'autres départements, des actions spécifiques pour toucher tous les publics, que ce soit à cette étape ou plus tard pour la vaccination. Ce matin-là, à Clichy, y a-t-il un chef de file ? Je ne sais pas répondre, ce que je sais c'est que chacun a mis dans la balance les ressources dont il disposait et celles dont il avait connaissance ; et quand, à l'issue de la journée, plus de 150 personnes ont été testées, qu'un certain nombre de cas positifs, près de 8 %, ont été détectés chez des personnes asymptomatiques, nous nous sommes dit que cet outil était le bon.

Coalition encore, quand nous montons avec la directrice générale de la CPAM de Seine-Saint-Denis Aurélie Combas-Richard et Sylvaine Gaulard, la directrice de la délégation départementale de l'agence, un dispositif dédié d'appel des personnes à partir de fichiers dont seule l'assurance-maladie dispose, en dotant ce centre d'un contingent spécifique de doses de vaccin. Écouter les agents de l'assurance-maladie, appeler des personnes chez elles, le week-end compris, pour leur proposer d'être vaccinées, organiser leur transport avec les centres communaux d'action sociale ou le conseil départemental, en profiter pour repérer d'autres pathologies, ce n'était pas simplement répondre au Covid, c'était faire de la santé publique. Dire cela ne suffit cependant pas à resituer l'intensité de ce qui se jouait dans cette nouvelle manière de faire. Lorsque nous avons visité ce centre, situé à la limite de Bobigny et de Drancy, avec le préfet de la Seine-Saint-Denis Georges-François Leclerc et le directeur général de la CNAM Thomas Fatôme, nous avons été submergés par la même émotion. Pas une émotion béate, pas un sentiment d'autosatisfaction, plutôt la gorge nouée et le sentiment que certains combats valent la peine. Ce que nous avons vu ce jour-là, ce sont des personnes qui pour certaines n'étaient pas sorties de chez elles depuis des mois. Un monsieur âgé, les cheveux longs, avançant avec un déambulateur qu'il venait manifestement de récupérer dans une pharmacie pour l'occasion, encore recouvert de son film plastique de protection : il avançait avec ses chaussons, péniblement, mais je crois que ce n'est pas simplement la projection de mes propres sentiments qui m'a fait voir dans son regard du soulagement, celui d'avoir accès à cette protection que constitue le vaccin. Peut-être pour lui aussi, pour sa fille qui l'accompagnait, une forme d'émotion, symétrique de la nôtre, celle de voir en acte se construire le service public de l'accès aux soins et à la prévention. Nous savions que jamais, sans ce dispositif, sans la ténacité des agents de l'assurance-maladie qui souvent devaient passer une dizaine de coups de téléphone avant de parvenir à convaincre et à organiser la prise d'un seul rendez-vous, sans le lien avec les centres communaux d'action sociale, qui, eux aussi, avaient engagé ce travail de repérage et d'accompagnement, nous serions passés à côté de ces gens, ceux-là mêmes qui, massivement, lors de la première vague, avaient nourri les chiffres de la surmortalité dans les quartiers populaires. Cette mission d'appels aux personnes de plus de 75 ans sera généralisée quelques semaines plus tard dans toute la France par l'assurance-maladie après les premiers retours de cette première expérience et la visite sur place du président de la République et du ministre de la Santé. Chacun sait aujourd'hui que ce type d'initiatives devra avoir une suite en temps de paix, même si elles ont été construites dans l'urgence de la tempête du Covid.

On aura beau chercher, la main invisible n'a pas eu un rôle essentiel dans cette période. Être garant des coalitions c'est aussi assumer de dire qui est le mieux placé pour agir, et assurer parfois une fonction d'arbitre. Car si l'intérêt général n'appartient évidemment pas qu'à l'État, la conciliation d'intérêts généraux parfois contradictoires reste de son ressort. Cette affirmation n'est pas un slogan. Elle suppose des changements profonds, culturels notamment. J'en pointe ici un certain nombre qui témoignent de l'ampleur de l'évolution à opérer, car il serait pour le moins paradoxal de faire de ces coalitions une réalité presque irénique qui s'imposerait d'évidence entre les acteurs[1]. Chacun des acteurs est lui-même inclus dans un système de pouvoirs, de rapports de force, de légitimités qui fait que l'alignement ne se construit pas de lui-même. La coalition est forcément un combat et un exercice de frottement. Par essence, l'État et une association, même s'ils peuvent partager un objectif commun, sur la prise en charge des plus précaires par exemple, ne sont pas dans la même situation et la coalition impose le respect de cette différence essentielle. Elle suppose d'accepter un rapport qui n'est pas celui d'un donneur d'ordre avec son opérateur ou d'un maître d'ouvrage avec son maître d'œuvre, mais bien un exercice de construction, y compris dans la contradiction parfois, de solutions que chacun séparément n'aurait pu mettre en place.

---

1. Je dois à une intervention à l'EHESS de Florian Guyot, directeur général de l'association Aurore, d'avoir précisé ce point. Une vision par trop superficielle de cette question pourrait en effet conduire à penser qu'une forme de nécessité historique conduirait à ce que ces coalitions adviennent partout, comme « cent fleurs s'épanouissent ». Il n'en est rien. Ici encore, le rapport de force et l'acceptation de légitimités diverses pour exprimer un point de vue sur l'intérêt général sont des conditions indispensables.

Favoriser l'engagement

L'État doit construire sa capacité à accueillir et donner de la force au désir d'engagement de nos concitoyens. Car au fond, même si l'on aura consacré beaucoup de temps à parler des complotistes ou des antivax farouches, la crise a d'abord été un moment extraordinaire de mobilisations. Certaines se sont construites sans aucun lien avec la puissance publique, certaines ont été encouragées voire organisées par des collectivités, je pense ici par exemple à la confection de masques en tissu. La solidarité aussi a été au rendez-vous lorsqu'il a fallu repérer et accompagner les personnes les plus fragiles vers la vaccination. L'État a tendance, c'est un fait, à vouloir tout organiser, à considérer que c'est là sa légitimité.

La crise nous a montré la puissance de ces mobilisations de la société civile, organisée ou pas. Elle a aussi permis de conforter simultanément le rôle de la puissance publique. Tirer des enseignements en cultivant cette opposition serait stérile et par ailleurs ne correspondrait pas à la réalité de ce qui s'est joué.

Mille exemples, visibles ou pas à l'œil nu, témoignent de ces engagements simultanés et complémentaires. L'un a pour moi une valeur particulière. Je pense ici à la mise en place de la plateforme « Renforts Covid » que nous avons construite en quelques jours pour assurer le lien et réaliser un appariement le plus automatisé possible entre des personnes volontaires et les établissements sanitaires ou médico-sociaux en assurant l'envoi de plusieurs dizaines de milliers de soignants de toute la France en renfort dans les structures de soin ou d'hébergement. C'était à nous de le faire. Il y avait urgence. Mais nous ne l'aurions jamais fait seuls, si les hôpitaux et les EHPAD n'avaient pas formulé très clairement leurs besoins et identifié eux-mêmes des viviers de volontaires, si une start-up n'avait pas eu le culot et le courage de construire cet outil gratuitement, si de jeunes polytechniciens n'étaient pas venus nous prêter main forte pour préciser et traduire nos attentes, si des personnalités telles qu'Alexandre Jardin, croisé dans une autre vie, qui m'avait demandé au tout début de la crise « Que puis-je faire ? », n'avait pas mobilisé ses propres réseaux et fait connaître cet outil. Sans cela, nous ne serions pas parvenus en quelques heures à recueillir des milliers de profils de volontaires. C'est sans doute à Alexandre, peu suspect d'apprécier la technocratie, que je dois une invitation à un duplex pour un journal télévisé de France 2 à 20 heures. On ne peut pas refuser une telle proposition. Elle pouvait être un puissant relais de cette initiative dont la réussite reposait sur le fait qu'elle s'impose rapidement et simultanément comme le réceptacle principal des besoins du système de santé et des propositions de renfort, des envies d'engagement. Ceux qui m'ont vu ce 21 mars, questionné par Laurent Delahousse, m'ont trouvé blafard, un peu chiffonné et terriblement engoncé. Sans doute ne savaient-ils pas que j'étais dans le hall de la maternité où Abel allait naître quelques heures plus tard et ignoraient-ils aussi que ma capacité d'anticipation n'était pas allée jusqu'à prendre une veste de costume pour accueillir ce bébé avec plus d'élégance. Je portais donc une veste, sans doute trois tailles au-dessous de la mienne, que le directeur de la communication de l'agence m'avait prêtée en urgence. Heureusement que personne n'attendait de moi des gestes amples, car le vêtement n'y aurait pas résisté...

Au-delà de « Renforts Covid » et de cette anecdote personnelle, je veux insister sur le fait qu'il faut apprendre à jouer sur toute la gamme, parfois diriger, parfois piloter, parfois coordonner, parfois simplement assurer la transparence de l'information, parfois se vivre comme une « rotule », ou un pivot, pour le dire plus élégamment, qui permet à un système qui se bloquerait sans cela de produire de l'énergie collective. Jouer sur ces différentes palettes n'est jamais évident, ce n'est pas une compétence innée, on doit quasiment changer de costume dix fois dans une journée, alors même que la pression est immense.

Naviguer à vue

Combien de fois, dans la presse, dans les interventions des élus, a-t-on entendu, comme insulte suprême contre la puissance publique, qu'elle « naviguait à vue » ? J'ai mis longtemps à me le formuler mais je trouve cette critique absurde et même inquiétante. Face à l'inconnu, tout l'enjeu est précisément de savoir piloter dans le brouillard. Plaquer le schéma d'un « État stratège » qui devrait savoir nous donner collectivement de la visibilité à plusieurs mois sur une crise où tout n'a été qu'incertitude et contre-pieds, c'est en fait se condamner à l'échec. Quand les sondes Pitot ou les radars ne sont pas fiables, parce que la tempête est trop forte, il faut enlever le pilote automatique et reprendre les instruments et le manche.

Cette affirmation peut paraître anecdotique. Il me semble qu'elle ne l'est pas, tant cette notion d'État stratège, qui garde bien sûr son sens dans certains cas, en est venue au cours des trois dernières décennies à désengager la puissance publique de champs entiers de politiques, au nom du fait qu'il fallait se concentrer sur la stratégie. Derrière ce vocabulaire élégant se cachait dans les années 1990 une forme de « désidéologisation » de la question du rôle des pouvoirs publics[1]. Cela revenait – *de facto* – à laisser progresser une pensée libérale, même si son ampleur n'était pas équivalente à celle observée dans certains pays anglo-saxons. Mais cette idée résiste-t-elle à la situation actuelle ? Sans doute dans certains secteurs où, sans l'État, les acteurs privés ne bougeront pas d'eux-mêmes, par exemple pour intégrer les données du changement climatique, qui imposent parfois de dégrader la rentabilité de certains investissements. Mais dans d'autres champs, il ne bénéficie plus ni de

1. Je reprends ici une expression employée par Amélie Verdier lors d'une intervention qu'elle a faite en janvier 2022 dans le cadre des séminaires déjà évoqués.

la vision de long terme qui le différenciait théoriquement des acteurs privés (songeons un instant aux capitalisations boursières d'Apple et des GAFA en général, en comparaison des budgets et de la dette publics), ni de la compétence technique et humaine pour reprendre le pilotage de certains sujets.

Dès lors, au risque du paradoxe, je suis convaincu que naviguer à vue est une compétence stratégique. Et au fond, si l'on admet que le risque est élevé que l'on aille d'une catastrophe à l'autre, fussent-elles d'intensités différentes, mais que nous ne nous sortirons pas du cycle que l'on constate depuis plusieurs années, alors il faut organiser un État capable à la fois de piloter de grands chantiers et de prendre des décisions, même avec une visibilité faible et de lourdes incertitudes, une sorte de double cerveau afin que la crise ne phagocyte pas l'intégralité de l'action publique quand elle survient.

Du principe d'égalité

Notre pays est viscéralement attaché à l'égalité. Mais parfois ces attachements intenses peuvent devenir maladroits, voire contre-productifs. Cette « passion pour l'égalité » que Tocqueville évoquait déjà il y a deux siècles trouve ses limites lorsque l'on a une vision faussée du principe d'égalité lui-même.

C'est toute l'ambiguïté par exemple de la notion d'égalité des territoires, devenue un objectif politique majeur des années 2000. L'égalité, c'est assurer l'accès au même service public et à la même qualité de prise en charge par l'État pour tout citoyen, où qu'il vive sur le territoire. Cela signifie que la différenciation territoriale dans le maillage ou dans l'action même de la puissance publique n'est pas en soi une atteinte au principe d'égalité.

C'est un point essentiel et qui en quelques mois a montré toutes ses facettes.

Le principe d'égalité, c'est donc aussi faire plus, ou différemment, suivant les territoires. C'est en fonction à la fois de la situation des populations, de leurs besoins et des inégalités sociales existantes que l'on doit moduler l'action, pas simplement en terme de degré et d'intensité d'intervention mais parfois en changeant la nature même de la mise en œuvre des politiques publiques.

« Aller-vers » les populations les plus éloignées du soin est une politique en soi que nous avons dû déployer à une échelle sans commune mesure avec ce qui était pratiqué jusqu'alors. C'était bien de l'ordre de la reconstruction plutôt que de l'adaptation et nous l'avons fait suivant des modalités différentes en fonction des territoires.

C'était mettre en œuvre de façon concrète la définition juridique du principe d'égalité : construire des actions spécifiques en fonction des différences des situations initiales pour atteindre un objectif unique, en l'occurrence une prise en charge sanitaire performante et protectrice. Ici, cette notion n'est pas qu'un concept juridique, elle a une traduction concrète : limiter autant que possible la surmortalité liée aux inégalités sociales. Cela peut paraître un aimable détour théorique, comme une pause dans le flot des questions concrètes. C'est au contraire un sujet majeur et quotidien, y compris au cœur du tourbillon des mois écoulés. Mettre plus de moyens, plus de vaccins, plus d'opérations de dépistage dans des quartiers populaires, sur le papier personne n'est contre mais quand s'affiche sur des documents de synthèse cet effort particulier, vous devez vous justifier de ces choix. Ainsi, nous avons dû défendre ces orientations, défendre justement notre conception du principe d'égalité et faire face à des arguments qui entendaient précisément se placer sur ce même terrain, celui d'une égalité formelle, ou parfois, ce qui était plus simple à repousser, sur celui moins glorieux des privilèges qu'une fois de plus on attribuait aux plus pauvres…

Du principe de légalité

Mais au-delà de ces questions qui ont été notre obsession pendant ces mois de crise, il a fallu aussi accepter quelque chose de plus subtil, peu évoqué dans le débat public, car cela ne se dit pas aisément.

L'administration est, par principe, attachée à deux valeurs : le principe d'égalité, évoqué à l'instant, et le principe de légalité. Ce dernier élément est majeur, c'est un des fondements de l'État de droit. L'administration ne fait que ce qu'elle est légalement autorisée à faire, que ce pour quoi elle a été reconnue compétente par les textes, lesquels, directement ou indirectement, découlent de la volonté du législateur. C'est une affirmation d'apparence banale. Pourtant, tout au long de la crise, certains ont appelé les acteurs publics et notamment les fonctionnaires de l'État à être imaginatifs, à « prendre des risques ». Cette exhortation qui fait mouche dans les dîners ou sur les plateaux de télévision est tout sauf anodine. Que signifie au fond « prendre des risques » ? S'écarter de la norme ? Ne pas l'appliquer avec la même rigueur ? Se sentir délié de certaines obligations juridiques ? Concrètement, cela veut dire s'éloigner du principe de légalité et, partant, engager sa responsabilité sur les actes qui s'en écarteraient.

C'est ce que nous avons tous fait. Pour répondre à l'urgence, pour donner plus vite les moyens, pour essayer des solutions inédites : engager des financements avec des crédits dont nous ne disposions pas encore mais dont nous savions qu'ils seraient indispensables pour permettre le démarrage d'un centre Covid, signer des arrêtés dérogatoires en quelques heures autorisant des établissements à exercer la réanimation alors qu'ils n'en avaient pas le droit jusqu'à présent, et donc être sûrs que les patients y seraient pris en charge dans de bonnes conditions ; lancer des évacuations sanitaires d'ampleur, en sachant que jamais de telles opérations n'avaient été effectuées à cette échelle pour des patients en réanimation…

Nous l'avons tous fait mais nous avons à en être comptables devant les organes de contrôle ou l'autorité judiciaire. Et le temps passe vite. Pendant des années, nous devrons rendre compte et expliquer des décisions prises, la plupart du temps dans l'urgence, en mars ou avril 2020. Et parfois aussi en allant quelque peu au-delà de nos compétences, parfois en utilisant des outils à d'autres fins que celles prévues par les textes. C'est prendre un risque juridique mais c'est aussi, si l'on veut bien s'attacher à qualifier cela avec une forme de gravité, prendre un risque démocratique.

Cet enjeu, à la limite, est clair et net pour les hauts responsables politiques ou administratifs. La conscience et l'analyse du risque sont une donnée de la confiance qui nous est faite lorsque l'on est nommé dans des fonctions lourdes.

Mais pendant la crise, il a fallu aussi faire évoluer la mentalité, la culture collective de certains acteurs sur le terrain. Les dirigeants ne sont pas les seuls à avoir dû s'écarter parfois des règles. Les agents de tous niveaux, formés, mais plus encore viscéralement attachés, car c'est leur mission, à faire respecter le droit, ont aussi été concernés.

Et dans ce cas, et le principe d'égalité et celui de légalité ont pu être heurtés. En disant par exemple aux équipes dans les délégations départementales de l'agence : « Voilà l'objectif à atteindre en matière de coopération ville-hôpital. Et vous êtes seuls juges des voies et moyens d'atteindre cet objectif, en mettant en place des dispositifs qui pourront être différents d'un département à l'autre voire au sein d'un même département » : c'est un renversement total de perspective. Cela suppose de faire preuve d'imagination et de s'adapter aux spécificités du territoire. Dans tel département, l'Ordre des médecins est un acteur majeur et reconnu ; c'est très différent dans le département voisin où par contre une association de professionnels de santé est particulièrement active et représentative… Eh bien il faut faire avec les acteurs les plus efficaces au nom de l'objectif à atteindre. Afin d'enclencher la dynamique, un soutien financier est nécessaire ? L'agence peut mettre des crédits en œuvre de façon dérogatoire sur certaines politiques…

C'est cela, au quotidien, qu'a nécessité la crise. On peut se dire au premier abord qu'il n'y a rien là que de bon sens. Sans doute, mais tous les acteurs ne voient pas d'un bon œil cette différenciation. Des élus peuvent s'interroger sur une différence de traitement rapidement qualifiée de discrimination, d'autres au contraire considérant que la discrimination positive est insuffisante face à la hauteur des enjeux. Mais aussi, et je ne dis pas surtout, car dans l'urgence on y pense peu, on aura des comptes, au sens strict, à rendre ; et qui vous dit que dans quelques années vos interlocuteurs de telle ou telle instance de contrôle accepteront de se replonger dans le tourbillon de ces jours et de ces nuits de 2020 et 2021 ? Les mêmes qui se demandent pourquoi les responsables publics sont parfois tatillons sur les règles accepteront-ils d'entendre ce à quoi nous avons dû répondre dans l'urgence ?

Acceptation du risque, oui, mais non par un choix individuel, unilatéral. Cela poserait un problème démocratique et au fond aussi cela ferait dépendre trop fortement les réponses publiques de la façon dont chacun intègre et accepte le risque.

Je ne veux pas entrer ici dans le débat sur la manière dont l'irruption, concomitante à la gestion de crise, du juge pénal a pu peser sur la manière de conduire les décisions. Je pense cependant que quand nous aurons pris du recul, nous devrons nous poser cette question sereinement, dans un débat transparent. Je ne crois pas que les dizaines d'heures passées comme témoin devant la Cour de justice de la République en 2020 et 2021 m'aient conduit à être plus prudent, et partant trop peu téméraire dans la prise de certaines décisions. Mais je sais à quel point cela a été dur, rude, de devoir, alors même que nous étions dans le cœur de l'action, ou que nous n'avions de répits provisoires que depuis quelques jours, se justifier, non pas seulement, ce qui est normal, devant la représentation nationale, mais aussi devant un juge, s'interrogeant dans le cadre de son instruction sur des décisions que parfois vous aviez prises le matin même. Rien de tout cela n'est anodin. Le principe de responsabilité de l'administration doit demeurer cardinal ; l'analyse à charge et à décharge peut-elle cependant se fondre dans le même rythme et la même urgence ?

Accepter de porter et de défendre des priorités

Il y a deux dimensions dans cette idée.

Prioriser, c'est, fût-ce par gros temps, assumer ses missions fondamentales. Dans le champ sanitaire, l'une d'elles est cardinale : c'est le principe de précaution. Je l'ai évoqué incidemment pour des médicaments ou des outils tout d'un coup identifiés comme miraculeux, sans qu'ils aient fait l'objet des indispensables validations scientifiques indépendantes. C'est une exigence majeure pour la qualité et la sécurité des soins. C'est une mission à laquelle on ne peut pas renoncer. Or, alors que durant plusieurs années la simple évocation du « principe de précaution » valait éloges et reconnaissance d'une prudence élémentaire, dans la crise, dans ce temps si long d'incertitude, c'est sa mise en œuvre qui nous a été reprochée, comme si elle était le paravent d'une sorte de pleutrerie bureaucratique. La complexité de notre organisation ne fait aucun doute, mais la dénoncer ne suffit pas à valider des dispositifs que des scientifiques n'ont pas eu le temps d'expertiser dans leur totalité.

Prioriser, c'est aussi assumer que l'État peut, en s'appuyant sur des « preuves », au sens où les médecins emploient cette expression, mobiliser les acteurs sur des thématiques qui sinon resteraient dans un angle mort.

L'État, d'une certaine manière, doit désormais assumer une fonction de priorisation politique, qui passe par le fait d'accepter une dimension de plaidoyer. Avec le « plaidoyer », on retrouve ici encore une expression que les associations ou les praticiens de la santé publique connaissent depuis des années. Il s'agit d'assumer une prise de parole dans l'espace public et politique pour porter des principes, défendre ses revendications, déciller les yeux de tous les partenaires sur des sujets trop rapidement considérés comme secondaires. *A priori* donc, rien de plus étranger aux missions d'une agence publique que cette fonction. Comme je l'indiquais souvent à mes collaborateurs, notamment lorsque nous préparions des interventions dans les médias, nous ne sommes pas des commentateurs. Nous n'avions pas à porter de jugement ou à qualifier une situation, autrement que pour indiquer en quoi cette appréciation fondait notre action, les décisions que nous prenions. Car il ne faut pas mélanger les rôles : lorsqu'un représentant de l'État s'enferme dans cette posture, cela donne une terrible image d'impuissance publique.

Il n'empêche que le corollaire de cette action par coalitions me paraît imposer de prendre des positions pour faire bouger les autres acteurs, afin qu'ils s'engagent dans ce que l'État, de là où il est, considère comme prioritaire mais qu'il ne saurait porter seul. Cela suppose parfois d'assumer une prise de parole politique, au sens le plus noble du terme, de la part d'un haut fonctionnaire. Cela ne signifie nullement la défense d'options partisanes : il s'agit de porter une parole sur ces sujets majeurs de notre vie collective sur lesquels précisément l'État n'a pas seul la main. Ainsi, par exemple, les compétences de l'ARS sont très limitées en matière de pollution de l'air, qui relève de la législation sur l'environnement ; pour autant, porter un message sur les conséquences sanitaires des particules fines relève sans doute en partie de notre responsabilité. C'est cela assumer le plaidoyer, dès lors évidemment que l'on est irréprochable sur la mise en œuvre de ses compétences propres !

C'est aussi porter au premier plan des priorités qui ne sont pas forcément celles des autres acteurs. Un exemple reste pour moi très éclairant.

À l'issue de la crise et même pendant, l'une des critiques les plus vives envers l'action publique a porté sur le manque de lits de réanimation. Au-delà de la seule question du volume global, c'est celle de l'inégalité de la répartition de l'offre de soins critiques qui a été pointée et dénoncée. Ce débat n'est évidemment pas secondaire. La question du « capacitaire hospitalier » est centrale. Sans aucun doute, dans certains départements ou régions, les opérations de restructurations hospitalières ou la pression de la démographie médicale ont bien conduit à une trop forte réduction de l'offre d'hospitalisation, au profit d'une montée en puissance des soins ambulatoires qui ne peuvent, évidemment, répondre à tous les besoins. Sans doute faut-il, et c'est d'ores et déjà le cas partout en France, revoir des programmes de restructuration de la carte sanitaire tels qu'ils ont pu être conduits pendant des années et rouvrir des lits. Du reste, dès l'été 2020, certains programmes en cours ont été revus pour tenir compte de cette réalité si crûment posée devant nous. C'est le cas pour le Campus hospitalo-universitaire Grand Paris Nord qui va s'installer à Saint-Ouen, pour lequel il a été décidé, après un arbitrage du Premier ministre obtenu dans des temps record, que le plateau de soins critiques serait revu à la hausse et la mutabilité des équipements mieux appréhendée pour pouvoir adapter plus rapidement une partie de l'offre en cas de crise.

Je ne remets pas en cause cet exercice. Je le défends. Et il demeure indispensable.

Mais nous tirerions des conclusions seulement partielles si nous en restions là. Nous maintiendrions au fond cette approche hospitalo-centrée si française. Or le soin, la qualité de la santé d'une population, ne se joue pas qu'à l'hôpital, ni même chez les seuls médecins. C'est une évidence, elle a été décrite mille fois. Elle repose sur des preuves scientifiques. Les « déterminants de santé » sont les éléments essentiels de la qualité de la santé globale d'une population, ils vont bien au-delà de la seule offre de soins, nous y reviendrons longuement dans le chapitre consacré à la santé publique. Je ne sais pas pourquoi en France, affirmer cela paraît être un discours superficiel. Il y a comme un soupçon sur la santé publique, comme si celle-ci devait nous détourner du vrai sujet : celui de la qualité de l'armature de soins et au premier chef de l'armature hospitalière.

Or, on le voit, ce sujet, alors qu'il est l'une des évidences de cette crise, peine à s'imposer comme une question politique de la même ampleur que celle de l'investissement hospitalier, alors que de très nombreux acteurs ont entre les mains des outils, des leviers, fussent-ils indirects, pour peser sur les déterminants de santé. La palette d'action est très large et ne passe pas que par des outils estampillés « sanitaires » : l'urbanisme, la qualité des logements, la place de ces thématiques à l'école ou sur le lieu de travail sont des éléments centraux…

Ces « coalitions » pourraient n'être qu'une formule, un slogan, l'un de ces refrains que saisit parfois la novlangue administrative pour déguiser en choix des reculs ou de simples impossibilités de faire. Un certain nombre de réflexions autour d'un nouveau rôle de l'État répondaient d'ailleurs à cette logique de camouflage. Il s'agissait parfois de déguiser des états de fait en choix politique, de donner les atours de la modernité à des incapacités à agir ou à avoir prise sur le cours de choses.

Et au fond cette approche d'un État « garant des coalitions » ne peut-elle pas être critiquée simultanément par deux versants ?

D'une part, en ce qu'elle serait au fond une évidence, comme si l'État avait toujours fait cela. Comme si, d'une certaine façon, il avait toujours été un ensemblier dans les périodes de crise comme dans les temps de paix.

D'autre part, à l'opposé, pourrait-on dire, en ce que coalition rimerait avec banalisation d'un État qui ne deviendrait que l'une des puissances publiques parmi d'autres, garante d'une partie seulement de l'intérêt général que les collectivités, voire des acteurs privés, pourraient aussi assurer, de façon par ailleurs plus efficace.

Sur ces deux terrains, la crise permet, me semble-t-il, de dégager des réponses un peu plus radicales, ou à tout le moins assurées.

D'abord, et les agents et responsables publics comme la population le savent depuis longtemps, même si la formule est quasiment taboue, l'État ne peut pas tout. Il y a en effet dans cette phrase une forme de désenchantement, de renoncement, d'abandon idéologique sous-jacent, comme s'il s'agissait de baisser pavillon face à d'autres forces, notamment celles du marché. C'est en partie vrai évidemment. Et en l'espèce, quand

Lionel Jospin alors Premier ministre a employé cette expression, pourtant juste, il faisait référence à l'impossibilité pour la puissance publique de se substituer à des acteurs économiques privés qui prenaient des décisions dans leur champ de compétences et de rationalité. Cette phrase fut perçue comme une trahison d'un idéal de puissance, voire d'omniscience de l'État, capable de se substituer, de peser, d'orienter, *a fortiori* les responsables d'une entreprise à capitaux publics majoritaires.

Je crois cependant qu'il y a une autre façon de se dire que la puissance publique ne peut pas tout. Elle ne peut pas agir dans les mêmes conditions que dans le passé (que ce passé soit d'ailleurs largement mythifié étant en soi un sujet d'intérêt). L'État peut beaucoup mais pas seul. Il doit accepter qu'il n'a pas le monopole de l'intérêt général, que les collectivités, ainsi qu'en dispose la Constitution, « s'administrent librement », qu'elles peuvent porter des initiatives qui non seulement n'auraient peut-être pas été imaginées par les responsables étatiques mais qui, même si elles l'avaient été, ne pouvaient être mises en œuvre par l'État seul. Il y a toujours un moment où il faut accepter de descendre d'un piédestal, certes déjà largement érodé, mais qui demeure en partie cependant et qui, dans l'imaginaire collectif, fait du pouvoir central l'unique chef de file notamment dans les périodes de tension générale dans le pays. Or cette crise, comme les précédentes, nous montre que pour des raisons multiples – certaines assumées idéologiquement et consistant à dépecer l'État de ses compétences techniques, ou à réduire sa présence sur les territoires, d'autres sans doute mécaniquement liées à la complexification croissante de la société –, même ce « monopole » de la gestion des catastrophes est aujourd'hui mis en cause.

Dès lors la question devient, dans la seconde branche de notre interrogation : ce que l'État doit faire, un autre acteur serait-il en mesure de l'assurer ? Dit autrement, faut-il nécessairement un outil centralisé et un appareil administratif pour assurer la coordination d'acteurs qui détiennent chacun une partie des leviers pour faire face, en l'espèce, à une crise ? On a beaucoup entendu de critiques sur la lourdeur de l'appareil bureaucratique étatique, sa lenteur, sa pusillanimité dans les décisions, une forme d'attentisme, alors que d'autres acteurs, eux, seraient capables d'aller plus vite, de s'engager de façon plus agile. Il y a forcément du vrai dans cette critique. Et sans doute la crise nous apprend-elle la nécessité, lorsque l'on est au service de l'État, de savoir tenir plusieurs rôles, jouer sur plusieurs registres, dès lors que la boussole, elle, ne bouge pas : protéger de la même façon chacun des Français. Cela suppose parfois d'assumer le conflit, la confrontation, politique là aussi. L'État, c'est également celui qui doit tenir, face parfois à des intérêts financiers importants, comme quand il a fallu imposer dans certains endroits une déprogrammation que les médecins refusaient, en partie pour des motifs économiques, j'y reviendrai.

La coalition n'est donc pas une figure irénique, où naîtrait un ample mouvement mû par un objectif commun. Chacun garde évidemment sa culture, sa légitimité, la crainte d'être banalisé, mis au second plan, de ne pas être suffisamment identifié par les habitants… Si je défends l'idée que la crise a été un formidable moment d'invention et de dépassement de certaines frontières que l'on pensait infranchissables, je ne veux pas que cela paraisse écarter la rudesse que nécessite parfois la construction de ces convergences.

On l'aura compris, je ne crois pas au désenchantement, même si je sais l'âpreté des aventures collectives. Je pense profondément que cette évolution du rôle de l'État est aujourd'hui en marche. Nous la constatons, alors autant l'utiliser, la démultiplier et, pour chacun de ses serviteurs, s'y former. L'envie d'engagement, la réactivité de la société civile, même si elle peut passer par de la colère ou de la concurrence parfois, est un atout inouï. Nous n'avons pas le droit de passer à côté. Mais dans les coalitions, comme dans l'action publique, il faut accepter de ne pas tout mettre sur le même plan, d'allouer les ressources rares là où elles sont les plus indispensables. Accepter l'échec aussi. Il faut encore que l'intensité des réseaux que l'on peut retrouver dans certains territoires plus que d'autres ne conduise pas à dessiner un pays, sur ce plan aussi, à plusieurs vitesses. C'est un défi passionnant que de réinvestir le principe d'égalité, comme celui de légalité, par ce biais, par l'expérimentation, par l'adaptation, dès lors que la transparence et la délibération démocratique ont été simultanément garanties.

Chapitre 5

CONSTRUIRE ET PARTAGER LA CONNAISSANCE

J'ai essayé de dire que l'État et les autorités qui le représentent gagneraient à apprendre à dire l'incertitude. Dans ce paysage, une des ressources les plus méconnues et qui fonde en partie la spécificité de cette crise est la masse de données recueillies, rendant indispensables des outils d'analyse, de collectes standardisées et une réflexion concrète sur les conditions de mise à disposition de ces éléments, car au fil des jours, face à l'incertitude, les données sont devenues un de nos alliés les plus décisifs.

Je mesure qu'en mettant sur le même plan deux termes qui ne sont pas issus du même registre, je m'aventure à proximité de l'oxymore. D'un côté, les données qui sont vues comme quelque chose de froid, de technique, de la matière pour les intelligences artificielles, tandis que de l'autre côté l'incertitude est tout sauf une notion théorique et froide. C'est une des dimensions les plus intimes de la crise, une de celles qui vous tenaillent, qui vous empêchent de dormir, tout simplement parce que vous ne savez pas exactement où vous êtes à l'instant *t* et encore moins où en sera le système dans trois jours.

J'aimerais parvenir à restituer ce sentiment de brouillard. Celui de naviguer avec une visibilité quasi nulle sur plusieurs plans. D'abord, comme je l'imagine dans un sous-marin, il nous fallait de grandes oreilles. Nous devions parvenir à décrypter les bruits, ceux qui n'étaient que la présence des fonds marins et ceux qui signalaient un mouvement plus hostile, apprendre à lire les mouvements de l'épidémie. Certains pourraient se dire : à quoi bon s'échiner à anticiper le jour et l'heure de l'impact, une vague est une vague et notre seul travail est de dégager des lits.

Précisément pas…

Deux exemples éclairent pour moi l'idée qu'une décision n'est pas bonne ou mauvaise en soi, elle s'avère pertinente ou pas, en fonction du moment précis où vous la prenez et de celui où elle va produire ses effets. Ce moment qui n'a pas la grâce du *kairos* grec, mais qui y ressemble par certains aspects en ce qu'il faut savoir garder son sang-froid, retenir l'impulsion, pour poser un acte au moment précis où il sera décisif pour le dénouement. C'est ce que l'on peut appeler de façon plus triviale le toucher de balle, mais pour être un joueur accompli, encore faut-il savoir lire les trajectoires. Voilà, lire les trajectoires et anticiper l'impact.

Dans la semaine du 22 mars 2020 plusieurs voix demandent que nous commencions des évacuations sanitaires vers d'autres régions. Décision lourde s'il en est, non seulement en raison du caractère inédit à cette ampleur de transferts de malades réanimatoires mais aussi parce qu'on pouvait craindre que l'épidémie ne se propage ensuite vers les autres régions, comme un mécanisme hydraulique. Je considérais pour ma part que l'Île-de-France, avec son armature hospitalière exceptionnelle, devait « tenir » le plus longtemps possible, car une fois « nos » malades dans les lits d'hôpitaux d'autres régions, ils ne les quitteraient pas avant deux ou trois semaines. Je me souviens d'un long échange le 26 mars au soir avec le professeur Bruno Riou, directeur médical de crise de l'AP-HP, qui plaidait pour que nous engagions sans délai ces évacuations en m'indiquant que la progression de l'épidémie vers d'autres régions ne se produirait pas nécessairement. Il me citait ce qui avait été observé en Italie ou, après la région de Milan, le virus n'avait pas continué sa course folle vers la Vénétie par exemple. Je lui répondis que tout était prêt mais lui fis part de mes interrogations et craintes. Or, pendant même que nous parlions, le système d'information listant les malades accueillis en réanimation s'emballait et le solde quotidien devenait supérieur à 150 admissions nettes par jour. Il était évident que nous ne tiendrions pas jusqu'au plateau qui était modélisé la semaine suivante. Nous avions d'immenses tableaux fixant nos ressources (personnels, respirateurs, lits...) en précisant leur localisation, en faisant apparaître les besoins massifs en ressources humaines, et nous étions dans un compte à rebours. Ce compte à rebours, glaçant, s'appuyait en tout point sur les données que nous recevions et commandait des décisions lourdes. Le vendredi 27, je pris, sur la base de ces données nouvelles, celle de demander des évacuations car le décompte faisait apparaître une impasse infranchissable pour le début de semaine. Les premières eurent lieu en avion dans le week-end. Chaque lit gagné avait une immense valeur, tandis que le compteur des entrées en réanimation tournait follement.

Pourquoi les données étaient-elles si importantes également ? Parce que leur partage transparent était en outre le fondement de la confiance entre acteurs et le gage que la lutte contre le Covid ne nous détourne pas des autres prises en charge. Je pense en particulier ici aux décisions de déprogrammation. Nous voulions les ajuster le plus finement possible à la progression de la pression hospitalière et maintenir le plus longtemps possible les autres interventions. Mais tous les acteurs n'étaient pas prêts à déprogrammer. Il fallait que nous soyons sûrs de nous pour leur dire : « Nous en sommes là et selon toute probabilité nous en serons là dans quelques jours. »

Un dimanche de début mars 2021, la déprogrammation patinait notamment du côté des établissements privés, or nous savions que nous étions dans la phase où la courbe des entrées entamait une trajectoire exponentielle. J'appelle les principaux patrons des groupes privés et Lamine Gharbi, l'engagé et toujours disponible président de la Fédération de l'hospitalisation privée. Nous enchaînons par une conférence téléphonique avec tous les directeurs et directeurs médicaux de crise de la région. La journée est d'ailleurs belle, les échanges sont ponctués, pas seulement autour de moi, par des cris d'enfants et, de là où je suis, je mesure que l'angoisse qui me tenaille voisine avec une forme d'insouciance, à tout le moins de besoin de légèreté, bien compréhensible, dont témoignent nombre de Parisiens qui se promènent dans la rue sous mes yeux. Lors de ce point téléphonique, le regard tourné vers l'extérieur, presque envieux, je donne « l'ordre ferme de déprogrammer 40 % des activités ». S'ils n'avaient eu confiance dans nos chiffres et nos projections, si nous ne les partagions pas depuis un an chaque jour, Lamine Gharbi et ses collègues n'auraient pas passé le reste de leur journée à vérifier établissement privé par établissement privé où en était la déprogrammation effective. Les données que nous récoltions, leur fiabilité et en conséquence la fiabilité des outils de prédiction nous ont permis en l'espèce, y compris au pic de la troisième vague, de déprogrammer au fil de l'eau, en gardant quelques dizaines de lits de marge mais pas plus et en justifiant « par les preuves » nos instructions d'autorité de régulation.

Ces deux exemples sont au fond du registre de l'évidence : disposer de données fiables et transparentes. Mais cette affirmation d'apparence simple a nécessité un travail permanent, scrupuleux, invisible à l'œil nu, sauf au moment des bugs…

Au-delà de ces mouvements de fond, où la récolte de données et la construction d'outils de traitement ont pu faire la différence entre la première vague et les trois suivantes que j'ai connues, il nous a fallu aussi construire des outils de repérage des foyers. Je passe de la métaphore maritime à celle de l'incendie, tout l'enjeu étant de disposer d'un système suffisamment fin territorialement pour identifier les fumerolles ou les départs de feu par lesquels l'incendie pourrait reprendre, pour projeter des capacités d'analyse et d'intervention. Les données nous ont permis de passer en permanence du macro au micro, du stratégique au tactique, mais aussi, presque physiquement, de l'angoisse d'une avancée dans l'obscurité à la définition d'une cible mieux identifiée, fût-elle très difficile à atteindre et n'éclairant le chemin que pour quelques heures.

La crise, de ce point de vue-là, aura été, comme dans de nombreux autres secteurs, un véritable accélérateur. On pourrait en inférer une forme de recul supplémentaire, banalisant un État qui, faute de disposer encore d'une capacité à voir sur le long terme, se contenterait de disposer d'un plus grand nombre d'outils de pilotage de très court terme. Je pense au contraire que ce déplacement de son rôle fait mécaniquement apparaître la valeur d'« actifs » nouveaux, dans la main de la puissance publique.

Je choisis ce mot d'« actifs » à dessein, car il me semble qu'il faut réellement le voir ainsi, comme une ressource qui peut créer de la valeur mais aussi contribuer à mettre en œuvre nos valeurs. La crise nous a conduits, à différentes échelles, à apprendre à utiliser ces nouveaux leviers en temps réels, au bénéfice à la fois de la prédictibilité de la situation, mais aussi des politiques de prévention, de promotion de la santé et de lutte contre les inégalités. En détaillant l'utilisation, par une agence d'échelle régionale, en lien permanent avec d'autres acteurs, je voudrais montrer la puissance de feu concrète que recèle ce champ de politique publique autour de deux convictions.

D'abord, l'utilisation des données n'est pas une forme de supplément d'âme, un « plus » ponctuel. Nous ne reviendrons plus en arrière et nous devons apprendre à les mobiliser au quotidien.

Par ailleurs, dire cela nécessite d'affirmer immédiatement qu'il ne saurait y avoir d'exclusivité. Les données doivent être mises à disposition de certains acteurs de la société civile qui pourront passer du statut de simples observateurs ou critiques des politiques publiques à celui d'acteurs, en créant des outils que l'État ou ses opérateurs n'auraient pas pu ou su faire émerger dans l'urgence.

Pour autant, pour être convaincant, il convient que les considérations générales cèdent la place à des carottages un peu plus profonds. Je souhaite ici opérer l'un d'entre eux. Comme sur la santé publique, qui fera l'objet du prochain chapitre, d'apparence aride, cette question est un concentré des nouveaux enjeux qui se présentent à la puissance publique. Ici, les sujets techniques d'un côté et les débats démocratiques de l'autre n'ont sans doute jamais été aussi proches, imbriqués de fait. Ici, la distance entre un discours générique sur les données, en particulier de santé, qui seraient systématiquement captées par des opérateurs privés (et ce risque existe effectivement) et la réalité de la force des ressources dans la main des autorités publiques, est immense. Ici aussi, s'est posée et se posera désormais régulièrement la question d'une forme de contrat social des données.

Il y a bien sûr la part du contrat qui fait l'objet d'une régulation par les dispositions de la loi informatique et libertés du 6 janvier 1978, mais il y a aussi, me semble-t-il, dans cette question, un enjeu supplémentaire lié à la façon de construire la transparence. Mettre à disposition du public des données que l'on ne comprend pas forcément, que l'on ne sait pas interpréter, c'est prendre le risque de la mise en cause ou de la demande d'intervention immédiate sur tel ou tel aspect. Tout au long de la crise, la gestion du « temps des données » aura été centrale. Je l'ai évoqué pour Notre-Dame de Paris, mais les décisions à prendre face à une épidémie inédite et s'installant dans la durée sont sans doute d'une plus grande difficulté : les chiffres bruts peuvent faire l'objet de biais méthodologiques, les résultats peuvent être perturbés par les conditions de leur collecte, tous les ratios que l'on établit n'ont pas le même sens, la même portée, suivant l'échelle à laquelle on les analyse. Ainsi, le taux d'incidence dans une commune de quelques milliers d'habitants peut être violemment amplifié par un seul cluster dans une famille, cluster identifié et sous contrôle, or le maire et les habitants, en toute légitimité, peuvent demander aux autorités de l'État de déployer une intervention spécifique car « leurs chiffres » sont mauvais.

Ce sujet, enfin, montre à quelle vitesse s'est déployée la réponse publique, mais aussi la mise en œuvre des outils et des services venus de la société civile. On a souvent présenté les seconds (Covid Tracker, Covidliste...) comme les symboles des manques ou des échecs des premiers. Je ne le crois pas. C'est aussi, selon moi, une forme de coalition, mais encore faut-il que les termes en soient transparents *ab initio* et que ce ne soit pas une reconstitution *a posteriori*, pour donner un sentiment de coordination et de maîtrise là où il n'y avait qu'improvisation et erreurs...

Les agences régionales de santé sont habituées à manier des données. Ce qui a changé face au Covid c'est la simultanéité entre la collecte, l'analyse et la prise de décision assise sur ces données. Les lignes qui suivent doivent beaucoup aux échanges avec les équipes de la direction du numérique de l'agence et en particulier Julien Marchal, qui suivait de près ces sujets après être arrivé en renfort à l'agence en mars 2020, et la codirectrice Julie Lagrave, qui a été le pilier de tous les dispositifs d'allocation des doses de vaccin. Elles pourraient avoir une autre ampleur si l'on synthétisait les réflexions en la matière qui ont eu lieu simultanément à l'AP-HP, en particulier autour du professeur Frédéric Batteux, ou à l'assurance-maladie par exemple, mais je préfère, une fois encore, poser quelques intuitions en prenant, au pire, le risque du démenti ou de la contradiction !

Le 24 janvier 2020, l'ARS publiait son premier « point de situation Covid-19 », un recto-verso qui listait anonymement les premiers patients infectés par le Covid pris en charge dans les hôpitaux parisiens, ainsi que leurs contacts possibles. C'était le début de l'épidémie dans la région et le coup d'envoi d'une course contre la montre pour récolter, traiter, comprendre et interpréter des informations indispensables à la réponse sanitaire.

Parce que, en France, le réseau et les outils de veille épidémiologique sont robustes, de premières réponses ont pu être apportées rapidement avec les dispositifs conçus pour cela : les médecins de veille sanitaire, le réseau Sentinelle, les établissements de santé de recours ou Santé publique France ont été les premières chevilles ouvrières, chargées de disposer les sondes au plus près des premiers foyers. Elles nous ont permis de bâtir les premières réponses à une crise dont nous ne mesurions l'ampleur qu'à travers le retour d'expérience des pays ou régions touchés avant nous, c'est-à-dire plutôt imparfaitement, même si les réseaux de réanimateurs en particulier fonctionnaient et que nous connaissions assez bien la réalité italienne par exemple.

Mais, dès la mi-février, la cinétique, l'ampleur de l'impact hospitalier et l'aspect submergeant de l'épidémie de Covid nous ont convaincu que nos capteurs ne supporteraient pas le passage de la vague. Qu'en tout état de cause ils ne nous permettraient pas d'apporter, en temps réel, les informations nécessaires aux décisions que l'ARS devait prendre rapidement : élargir ou non la prise en charge des patients Covid à l'ensemble des établissements de santé de la région ? déprogrammer ? ouvrir massivement des lits de soins critiques ? orienter les politiques de dépistage au sein de certaines structures ou de certains territoires ? permettre ou non aux familles de rendre visite à leurs proches en EHPAD ? transformer nos dispositifs de *contact tracing* ? etc.

Jamais la proximité n'a été aussi importante entre la donnée et la prise de décision. Cela ne signifie pas que nous avons toujours disposé des informations qui nous étaient nécessaires. Cela ne signifie pas non plus que toutes les décisions prises ont été les bonnes seulement parce qu'elles s'appuyaient sur des données et analyses chiffrées, si robustes fussent-elles. Pourtant, une part importante de notre réponse à cette épidémie n'a été possible que parce que nous avons pu, assez rapidement, nous appuyer sur des éléments de diagnostic progressivement enrichis et fiabilisés, provenant de sources nouvelles, construites avec des partenaires avec lesquels nous n'avions pas l'habitude de travailler, ou élaborées avec des méthodes que nous ne maîtrisions pas encore.

Nous ne découvrions pas l'importance de ce sujet, pour autant la crise réinterrogeait, parfois de manière brutale, nos besoins, nos modes de collecte, d'usage ou de mise à disposition d'informations.

Il faut aussi noter que cela a eu comme conséquence positive que cette épidémie soit la seule à ce jour dont on puisse suivre l'évolution au jour le jour, avec des biais et des erreurs que je ne minore pas. Surtout et pour la première fois, l'intégralité des données recueillies par les agences sanitaires nationales ou régionales, les établissements de santé, les laboratoires de biologie médicale ou les centres de vaccination sont intégralement et quasi instantanément ouvertes en open data, à la disposition de chacun. Cette transparence inédite est une avancée majeure.

Concrètement, comment cela s'est-il construit, comment avons-nous approfondi progressivement cette approche ? Au fond, en Île-de-France, quatre phases se sont succédé, au cours desquelles ont été inventées de nouvelles façons de s'armer face à la crise, dont la constante est demeurée l'imprévisibilité.

De janvier à mai 2020

C'est d'abord une sorte de course à la donnée. Jusqu'à la fin du mois de février tout d'abord, l'agence s'appuie sur les outils et les données classiques de la prise en charge des risques épidémiques majeurs et notamment des maladies à déclaration obligatoire. Les remontées d'information s'effectuent *via* les relais de la veille sanitaire, ainsi que directement avec les établissements de santé prenant en charge les premiers malades. Il n'existe pas alors de dispositif de dépistage systématique, et les capacités extrêmement limitées de test sont mobilisées pour les premiers malades franciliens et leurs cas contacts.

À cette date-là, l'arsenal de suivi épidémiologique actuel n'est pas en place. Il faut se figurer que jusqu'au printemps, chaque laboratoire communique par e-mails à l'agence les résultats de dépistage Covid qu'il assure, afin de recenser les cas. Impossible toutefois de calculer un taux d'incidence ne serait-ce que régional, avec quelques centaines de tests assurés par semaine. Nous approchons des données épidémiologiques par des « proxys », nous appuyant sur un échantillon de dépistages provenant de quelques laboratoires, ce que nous savons être très imparfait.

Durant cette phase, nos indicateurs les plus robustes sont hospitaliers : à compter du 13 avril 2020, SI-VIC, un système d'information conçu pour la gestion des nombreuses victimes d'attentats, est activé. Il l'est encore aujourd'hui, et constitue la tour de contrôle de l'ensemble de l'activité hospitalière liée au Covid : les admissions en hospitalisation conventionnelle, en soins critiques ou en soins de suite et de réadaptation y sont renseignées en temps réel par les établissements eux-mêmes. C'est cet outil qui nous a permis de piloter, heure par heure et lit par lit, l'évolution des capacités de prise en charge hospitalière au paroxysme de la première vague, fin mars-début avril. L'occupation en soins critiques atteignait alors près de 2 700 patients, contre une capacité en temps normal de 1 200 lits en réanimation. SI-VIC, nous l'avions tous sur nos ordinateurs. Il n'est pas facile de rendre compte de l'angoisse qui souvent nous saisissait quand, en quelques minutes, le solde de patients en soins critiques avait augmenté de 10 ou de 20. À chacun de ces ressauts, la première question était de savoir s'il n'y avait pas eu un problème de renseignement du système d'information et, une fois cet exercice fait, nous nous trouvions face à la réalité crue d'un emballement non maîtrisé, comme parfois à celle de la décrue, à laquelle, par réalisme ou par superstition, nous mettions toujours quelques jours à accepter de croire.

Les autres outils nécessaires à l'adaptation de notre réponse ont été inventés au fur et à mesure. Je choisis le mot « inventer » à dessein, nous avancions dans l'obscurité et nous devions construire des solutions. Une partie d'entre elles, que nous pensions prometteuses, n'a pas réussi à produire les éclairages que nous espérions, d'autres par contre sont devenues totalement incontournables.

Comme je l'ai évoqué plus haut, il était indispensable, pour assurer la régulation médicale, d'identifier en continu la capacité des établissements de santé à prendre en charge des patients notamment en soins critiques. Le répertoire opérationnel de ressources (ROR), qui doit donner en temps normal le nombre de lits disponibles par une remontée informatique, ne pouvant plus être actualisé à un rythme si soutenu, l'agence a mis en place une cellule de gestion des lits (ce que l'on appelle dans l'univers hospitalier le *bed management*) sur un modèle assez simple : jusqu'à une cinquantaine d'agents, volontaires, renforts, notamment venus d'opérateurs privés, appelaient trois fois par jour les établissements prenant en charge des patients Covid pour connaître l'état réel des lits disponibles.

Il était également nécessaire de connaître l'évolution de la situation épidémique dans les établissements médico-sociaux, et notamment dans les EHPAD. Nous avons mis en place un système d'enquêtes quotidiennes, à destination de l'ensemble des établissements franciliens, permettant de connaître chaque jour l'évolution des contaminations (parmi les résidents et les personnels), le nombre de professionnels en arrêt maladie, des hospitalisations, des décès, ainsi que les besoins en équipements de protection individuels ou en renforts en ressources humaines. Les données issues des 700 établissements de la région étaient alors remontées chaque jour, *via* les délégations départementales, pour alimenter un tableau de bord régional quasiment exhaustif. Nous l'avons administré pendant trois mois, avant qu'un dispositif national de Santé publique France puisse prendre le relais.

Les enquêtes de l'agence, qui ont nécessité aussi le développement dans l'urgence d'un certain nombre de systèmes d'information, ont alors été notre outil le plus efficace pour aller chercher l'information et établir des diagnostics régionaux, départementaux ou locaux. Plusieurs dizaines ont été mises en place (dont l'enquête à destination des établissements et services médico-sociaux, mais aussi celle visant à recenser les stocks de produits pharmaceutiques, les besoins de renforts en personnels de santé, plus tragiquement les stocks de housses mortuaires) dans une recherche constante d'équilibre entre l'accès à l'information, le « coup de sonde », et la nécessité de ne pas amputer le temps de prise en charge médical, car renseigner ces enquêtes prenait du temps aux équipes soignantes ou aux personnels administratifs, souvent peu nombreux, des EHPAD. Ces enquêtes ont nécessité une montée en compétences importante des équipes chargées de traiter ces remontées, représentant des centaines de milliers de lignes dans des tableaux chiffrés actualisés vingt-quatre heures sur vingt-quatre.

Être capable d'anticiper, même à quelques heures, ne pas rechercher une modélisation parfaite avec un horizon à plusieurs semaines, c'était la règle. Avoir quelques jours d'avance sur l'épidémie a été décisif à un moment où les lits disponibles se comptaient en quelques dizaines à l'échelle régionale. Les modélisations nationales et régionales, notamment produites par l'Institut Pasteur ou l'AP-HP, nous ont permis d'anticiper un pic au printemps 2020. Nous avions toutefois besoin d'indicateurs plus fins, plus locaux et plus immédiats pour anticiper des flux d'admissions qui, chaque jour, augmentaient.

La construction puis le suivi d'indicateurs avancés ou précoces, de détection des signaux faibles, ont débuté dès le début du mois de mars 2020, à l'échelle départementale : chaque jour, l'évolution des appels à SOS Médecins pour suspicion de Covid, les volumes d'appels au SAMU, ceux suivis d'un transport vers un établissement de santé ou encore les prises en charge aux urgences ont été surveillés. Même s'ils ne permettaient d'anticiper que de quelques jours les admissions à l'hôpital, ils ont permis de détecter les changements de dynamique dans les admissions, en hospitalisation conventionnelle ou en soins critiques. Il faut certes reconnaître que nous étions loin, à l'époque, de pouvoir appréhender de manière parfaite la dynamique de la circulation du virus, mais, dans l'incertitude globale dans laquelle nous nous situions dans ces heures et ces jours-là, chaque élément permettant de réduire le nombre des inconnues dans les équations que nous avions à résoudre avait une immense valeur.

Les données, et notamment les chiffres de SI-VIC, étaient presque devenues une obsession, une espèce de boussole, la seule plus ou moins fiable dans la tempête. Certaines nuits, je réglais mon réveil pour suivre l'évolution, pour savoir si nous avions basculé dans le toboggan avec une brusque accélération des chiffres, pour savoir si le compte à rebours était engagé. Et les chiffres s'alignaient, grossissaient, enflaient et avec eux la crainte de ne pas y arriver, de ne pas être à la hauteur. Sans doute la fatigue de nuits trop courtes était-elle encore accentuée par ce mauvais réflexe, mais il y avait chez moi comme une peur panique de perdre une heure, quelques instants précieux que l'on pourrait grappiller face à la violence et la vitesse de la vague. Cela a conduit parfois à des situations cocasses. Je me souviens d'une nuit où, plié dans le lit d'enfant d'une de mes filles qui n'était pas à la maison, dormant ce soir-là chez sa maman, je répondais aux textos et échangeais notamment avec Martin Hirsch. Au matin, je découvre, alors que ma mémoire avait totalement occulté cela, que comme il le faisait régulièrement, le président de la République m'avait envoyé un message vers 3 heures du matin pour prendre le pouls du « terrain », pour savoir ce qu'il y aurait à faire de plus, si nous disposions de tous les moyens que nous estimions nécessaires, pour nous soutenir aussi. Et manifestement je m'étais endormi alors que j'étais en train de répondre au chef de l'État puisque mon texto, alors qu'il commençait par des mots intelligibles, s'achevait dans un alignement de lettres et de chiffres sans aucun sens. En temps normal, je pense que je n'aurais pas osé sortir de la chambre et que je me serais calfeutré de honte pendant des jours, j'aurais peut-être songé à démissionner, mais ce jour-là la honte n'eut pas le temps de me saisir très longtemps et un message d'excuses au président, sans chercher à trouver une explication autre que celle qu'imposait la réalité, auquel il eut la bienveillance de répondre comme si de rien était, me permit de repartir au siège de l'agence, porte d'Aubervilliers, sans – trop – baisser la tête.

Du printemps à la fin de l'automne 2020

C'est le moment où s'engage la systématisation et « industrialisation » du suivi des données d'une épidémie qui s'installe dans la durée.

À compter d'avril 2020, les équipes ont été mobilisées pour préparer le déconfinement. Cette période est un tournant majeur, car elle correspond à la mise en place des outils de suivi de l'épidémie utilisés encore aujourd'hui et devenus incontournables : SI-DEP, le système d'information qui recense l'ensemble des résultats de dépistage, et Contact Covid, qui recense des cas index et leurs cas contacts.

Pour la première fois depuis le début de la crise, nous disposions d'un suivi exhaustif des détections de cas, des résultats du *contact tracing* ou de la détection des cas groupés, les fameux clusters.

Ces informations sont dès lors, et chaque jour, scrutées, analysées et retraitées pour constituer les tableaux de bord de suivi de l'évolution de l'épidémie : taux d'incidence, de positivité, volumes de tests PCR et taux de dépistage, volumes de contamination et répartition par âges, nombre de situations relevant de chaque niveau du traçage des cas, nombre et taille des clusters faisant l'objet d'une enquête par l'agence, délai moyen de rendu des tests, nombre et typologie des demandes d'appui à l'isolement, etc.

Sous forme de cartographies, d'indicateurs très localisés, de séries longues, elles sont associées aux indicateurs plus bruts dont nous disposions (appels SAMU, passages aux urgences) ainsi qu'aux indicateurs hospitaliers (admissions en hospitalisation conventionnelle et en soins critiques) pour suivre la possible résurgence de l'épidémie sur n'importe quel point du territoire francilien. Dès le mois de mai 2020, le point de situation quotidien, qui a parfois dû être produit plusieurs fois par jour au pire de la première vague, s'est considérablement étoffé, et comporte une trentaine de diapositives avec une déclinaison dans chaque département. Ces éléments sont systématiquement communiqués aux préfets et à tous les acteurs hospitaliers publics et privés, chaque jour, comme aux représentants des professionnels de santé de ville.

Le suivi de ces indicateurs épidémiologiques est essentiel, car nous savons qu'une résurgence de contaminations se traduit par une augmentation des flux entrants à l'hôpital au bout de deux semaines environ. Connaître les volumes de contamination et le profil des personnes contaminées permet donc de mieux piloter les capacités hospitalières dédiées au Covid.

Je pense en particulier à la période où, à partir de la mi-juillet 2020, nous voyons tressauter l'incidence d'abord chez les jeunes puis progressivement chez les plus âgés. Fin juillet, elle atteint quasiment 50 cas pour 100 000 et il paraît clair à partir de là que nous devons nous préparer à la mise en place de mesures de freinage complémentaires. Ce cas est intéressant, car ce sont bien les données, leur examen systématique par classe d'âge, qui nous donnent quelques jours d'avance pour anticiper un choc à venir, dans une atmosphère estivale pourtant peu propice aux rappels que l'épidémie n'était pas derrière nous.

Évidemment, au-delà du suivi de la situation globale, comme je l'évoquais plus haut, ces données permettent de piloter et déployer nos dispositifs de façon ciblée. L'analyse des zones de sous-dépistage, de surincidence ou de celles où les taux de positivité sont plus élevés que la moyenne nous a permis d'inventer des formes d'action qui se généraliseront ensuite.

Ainsi par exemple, l'installation de ces tentes sur la voie publique, ces barnums de dépistage, devenue ensuite assez fréquente dans toute la France, a été engagée en Île-de-France, sur le fondement même d'une analyse épidémiologique grossière mais immédiate. Elle est une réponse en temps réel à la localisation, grâce aux outils cartographiques, de communes ou de quartiers où l'on se fait encore très peu dépister, ou bien dont l'incidence présente une dynamique très défavorable. Ces implantations ont toujours été fondées sur l'analyse de ces données, progressivement raffinée à une échelle de plus en plus locale. Je pense notamment au repérage en mai et juin 2020 de taux très élevés à Sarcelles, dans l'est du Val-d'Oise. Nous décidons immédiatement avec le préfet et le maire de mettre en place des opérations massives de dépistage. Nous sommes face à une situation inédite car la plupart des personnes positives sont totalement asymptomatiques et jeunes. L'approfondissement des travaux est indispensable avant de prendre des mesures complémentaires : doit-on mettre ce territoire « sous cloche », mettre en place un confinement local ? Il nous faudra quelques jours, en échangeant par ailleurs avec le Conseil scientifique sur cette situation, pour comprendre que ces taux de positivité étaient une cicatrice épidémique : le Covid était déjà passé à Sarcelles, il avait largement contaminé, mais des populations assez jeunes qui n'avaient pas développé de formes graves, et ce que nous retrouvions dans les résultats de PCR étaient des traces de ces contaminations et non une situation en cours… Ce fut un moment difficile et passionnant : comprendre, parler aux populations par le biais des élus ou des représentants des communautés, analyser les données et se rendre compte que, par souci de bien faire, le laboratoire qui avait traité les PCR avait sans doute détecté une présence virale que d'habitude on considérerait comme négligeable, identifier les associations pouvant assurer une médiation, mobiliser les hôpitaux publics et privés afin de disposer de personnels pour opérer ces tests à très grande échelle, gérer le temps et savoir quand prendre des mesures de gestion… Face à cette alerte majeure, l'alignement a été remarquable. La confiance entre le préfet et nous nous a permis de réagir sans hésiter. La disponibilité du maire a été totale. Mais parmi les éléments les plus étonnants de cet épisode, je retiens l'appui décisif du grand rabbin de France, l'ami Haïm Korsia. Je l'avais appelé un lundi matin, quand nous avons découvert les résultats des opérations de test du week-end. Je lui avais demandé son aide pour nouer ce dialogue avec les différentes communautés juives de la ville. Haïm était arrivé dans sa Mini vénérable dès l'heure du déjeuner pour établir le premier contact et poser la méthode avec les différents acteurs qui, évidemment, le connaissaient tous et le respectaient. Sa présence fut décisive, aux côtés du préfet et du directeur général de l'ARS, car elle nous permit de faire comprendre à chacun que ces opérations ne relevaient que de la volonté de comprendre pour protéger et en aucune manière d'une forme de stigmatisation.

À l'opposé en termes de volume, l'opération d'envoi de plusieurs centaines de milliers de bons de prescription de dépistage, à une époque où une prescription était requise, a été lancée à la fin du mois de juin 2020. Le ciblage des 32 communes concernées, effectué de concert avec l'assurance-maladie, s'est fondé sur les mêmes données épidémiologiques, auxquelles se sont ajoutés des indicateurs de vulnérabilité économique et sociale. C'était alors l'un des outils visant à mettre la lumière sur les zones de la région qui, faute d'accès suffisant aux capacités de dépistage, risquaient de nous échapper.

Mentionnons enfin, au moment où les tensions dans l'accès aux tests devenaient intenables et créaient un nouveau sentiment d'échec de la politique publique, alors même que tous les acteurs de ce secteur sont privés, mis à part les capacités relativement faibles des plateformes hospitalières ou de recherche et en tout cas sans commune mesure avec celles des laboratoires de biologie médicale, la mise en place, à la rentrée 2020, d'une plateforme régionale d'accès au dépistage. Le numéro d'accès direct à cette plateforme fut communiqué aux professionnels de santé franciliens. Il apportait la garantie d'un rendez-vous de dépistage dans les vingt-quatre heures, en particulier pour les personnes symptomatiques.

À l'été 2020, un grand pas par rapport à la première phase de gestion de la crise a donc déjà été franchi : le volume de données disponibles et les capacités d'analyse permettent de déployer un arsenal de dispositifs d'intervention dont nous ne disposions pas six mois plus tôt.

Deuxième et troisième vagues : anticiper, détecter et traquer les risques

L'automne 2020 voit s'accélérer les projets visant à affiner notre capacité d'anticipation et de détection. C'est une période charnière où la maturité des outils développés nous permet d'aller un cran plus loin, et notamment de les mobiliser à des fins prédictives. Grâce aux données riches et actualisées en temps réel dont nous disposons, nous commençons alors à développer avec nos partenaires des projets d'intelligence artificielle. L'objectif est simple : nous permettre de mieux anticiper, de mieux détecter, et d'intervenir plus rapidement.

C'est à ce moment de la crise que nous commençons à développer, tester puis utiliser STEP, un outil fondé sur des modèles épidémiologiques traités par l'École des hautes études de santé publique. Il nous permet de modéliser les admissions et le niveau d'occupation en soins critiques à un horizon de 10 jours. D'abord imparfait, il est progressivement calibré, sous l'égide, à l'agence, des docteurs Romain Hellmann et Arnaud Foucrier, pour réduire chaque jour les marges d'erreur. Au mois d'octobre 2020, alors que nous dépassions les 10 puis 15 admissions quotidiennes en réanimation, il a été décisif pour piloter les déprogrammations ou la montée en charge capacitaire. Ces quelques jours étaient minces, mais constituaient un changement majeur par rapport à la première vague. Le modèle a été utilisé au cours des vagues suivantes, et notamment la troisième, plus massive et plus longue que la deuxième. Évidemment d'autres ressources de modélisation existent et le dialogue était permanent avec les équipes de Pasteur autour de Simon Cauchemez, de l'AP-HP, et de l'Inserm-Sorbonne Université avec les remarquables travaux de Vittoria Colizza ou de l'EHESP. Il n'y avait là aucune forme de médiocre exercice de concurrence, chacun souhaitant avoir « son » modèle de prévision. Au contraire, la confrontation (c'est-à-dire « être front contre front, intelligence contre intelligence », pour reprendre la belle formule du généticien Albert Jacquard) permet d'afficher des scénarios et des valeurs de référence, certaines plus défavorables que d'autres, sur la base desquelles il nous appartient ensuite de prendre des décisions. J'ai toujours été frappé, dans les échanges entre les équipes, de la modestie de chacun, personne ne considérant détenir la vérité et chacun connaissant les lacunes de son modèle. Il y avait du challenge, peut-être un peu de saine émulation, mais il s'agissait d'un vrai dialogue scientifique, assumant des scénarios différents qui étaient ensuite restitués aux autorités politiques pour qu'elles prennent les décisions les plus lourdes.

Ces outils beaucoup plus sophistiqués qu'en première vague n'ont toutefois pas rendu caduque notre stratégie de « coups de sonde ». Elle est progressivement devenue un réflexe existentiel dans cette crise, censée répondre aux questions suivantes : « Des événements passent-ils sous nos radars ? », « Sommes-nous en train de rater un changement de dynamique de l'épidémie ? », « Où faut-il braquer nos projecteurs ? » Nous nous sommes ainsi beaucoup demandé, alors que la deuxième puis la troisième vague débutaient, si les patients admis en réanimation étaient les mêmes qu'en première vague : plus jeunes ? plus âgés ? présentant plus de comorbidités ? davantage issus de milieux précaires ? présentant des formes plus sévères ? Le lien constant entretenu avec les établissements de santé, et notamment les chefs de service de réanimation, nous a permis de suivre de très près ces évolutions, impossibles à capter autrement que par des échanges réguliers. Nous connaissions certes quotidiennement par nos outils humains, demeurés irremplaçables, la part de patients intubés et ventilés, sous Optiflow (dispositif d'oxygénothérapie nasale à haut débit) ou stéroïdes, la durée des séjours, mais ces échanges constants n'ont jamais pu être remplacés.

D'un point de vue épidémiologique, d'énormes progrès ont également été réalisés entre l'automne 2020 et le printemps 2021. Patiemment, nous avons essayé de mettre au point des solutions qui nous permettaient de creuser ce temps d'avance sur l'épidémie, de mieux en comprendre la dynamique et les ressorts à une échelle très locale, de traquer de possibles changements dans les modes de contamination, de déceler suffisamment vite des mutations plus contagieuses, ou entraînant des cas plus sévères.

Nous nous sommes notamment beaucoup penchés sur les modes de contaminations les plus fréquents des patients Covid : à domicile, au travail, en collectivité, entre amis, dehors ou dedans, avec ou sans port du masque…

Ainsi, dans l'ordre du type d'initiatives que nous n'avions jamais prises, et bien sûr avec le feu vert du ministère, nous avons construit une enquête, par le biais de ce que l'on appelle dans le monde des sondages des « groupes quali », pour comprendre les ressorts du respect de l'isolement par les personnes infectées ou leurs cas contacts, qui nous a permis, avec l'assurance-maladie, de mieux calibrer nos messages. La complexité de ceux-ci et la peur de perdre son emploi sont revenues au premier plan des préoccupations, ce qui nous a amenés à retravailler nos messages et leur accessibilité, alors même que nous les pensions clairs…

Vacciner, vacciner, vacciner

Immédiatement après la descente de la deuxième vague, la course à la vaccination a été lancée. Je ne sais pas s'il sera un jour possible de dire avec suffisamment de justesse ce que cela a pu représenter comme tension, comme engagement, comme inventivité.

Le 27 décembre 2020, la première injection en Île-de-France a ouvert la voie à une mobilisation générale, de l'agence bien sûr, mais aussi des professionnels de santé, des établissements, services de l'État, collectivités et associations. J'ai dit plus haut comment il avait fallu repenser globalement la stratégie initialement arrêtée.

Mais ces mots « défis », « stratégie », « campagne vaccinale », « logistique », ne reflètent pas vraiment la blessure profonde de ces semaines.

J'ai parlé de Notre-Dame, là où se situe le fameux point zéro kilométrique en France, je vais m'approcher d'un point zéro plus intime sans doute. J'en prends le risque.

J'ai grandi dans une grande et vénérable maison au pied de ce que les géologues appellent la « faille de Cévennes ». Du second étage, la vue permet d'embrasser l'Aigoual et le Lozère, on distingue nettement la neige quand les hivers sont rudes. Cette maison, Le Chalet, a été un lieu de résistance, des familles juives y ont été accueillies durant toutes les années noires, mes grands-parents en partirent pour gagner le maquis, mon arrière-grand-père y a été arrêté par la Gestapo. Aujourd'hui encore, on voit l'entrée du passage souterrain qui partait de la cave et débouchait à quelques centaines de mètres de là dans le parc où, enfant, je jouais avec les restes de faux papiers qui, en août 1944, n'avaient pas été restitués à quelque autorité que ce soit. La présence vivante de cette période tragique m'a sans doute conduit vers mon premier métier d'enseignant en histoire. Et par moments se jouent des courts-circuits. J'ai raconté ailleurs que lorsque j'étais en réanimation, j'ai dû composer pendant des semaines avec des hallucinations où des nazis brûlaient des livres à côté de moi. Je me souviens, sans devoir solliciter quelque effort que ce soit de ma mémoire, de la sensation réelle de chaleur que je ressentais sur la partie de mon corps la plus proche de ce brasier pourtant imaginaire.

La présence de ces uniformes noirs et de ces voix rauques est une sorte de « point Godwin » interne, quand mon corps me dit qu'il est au bord de la rupture. Je n'ai pas tout de suite compris que c'était un signal d'alerte quand les premiers cauchemars sont arrivés au cours du mois de mars 2021. Des nazis me réclamaient des doses de vaccin. En nombre. Et vite. Et je me devais de négocier avec eux, en sachant que je risquais ma peau. Ces cauchemars ne prenaient pas toujours cette forme radicale. Souvent, c'étaient des tableaux de chiffres avec des milliers de lignes et de colonnes qui me réveillaient. Les tableurs Excel que les équipes maniaient toute la journée avaient percé mes défenses et s'imposaient dans mes nuits. C'était la bataille essentielle. La seule susceptible de nourrir un espoir. Il faudrait la conduire jusqu'à l'épuisement… des stocks ou des organisations. Je savais que, quoi qu'il advienne, je tiendrais, nous tiendrions collectivement jusqu'à ce qu'une part suffisante de la population soit vaccinée. L'échéance qui avait été fixée par le président de la République, même si peu l'estimaient crédible, était l'été 2021. Cela devint mon horizon.

L'essentiel était que nous savions que ce combat pour la vaccination n'était pas vain. À la différence de la première ou de la deuxième vague, quand nous avions le sentiment de récupérer, avec force acrobaties, des balles en fond de court en évitant d'être troué trop systématiquement par les services violents de l'épidémie, nous savions que la lumière était au bout du tunnel. Il nous fallait jeter nos forces dans cette bataille. Tant pis pour le rouleau compresseur des critiques, tant pis pour les nazis réclamant leurs doses, c'était le dernier effort à demander à tous. Et l'alignement se fit.

L'agence, garante de la cohérence globale de la stratégie vaccinale et de son adaptation aux spécificités territoriales, était aussi plus particulièrement en charge de la répartition des doses entre départements et types de structure de vaccination, de la supervision du bon déroulement de la campagne dans les centres de vaccination, et plus globalement de l'avancement des niveaux d'injection et des taux de couverture vaccinale.

En quelques jours et quelques nuits entre la fin 2020 et début 2021, les équipes ont mis sur pied des outils de répartition des doses de vaccin vers les 8 départements franciliens, elles-mêmes réparties entre les centres de vaccination que nous ouvrions, les établissements de santé ou les EHPAD. De quelques milliers de doses en janvier, il en a été réparti jusqu'à 1 million par semaine dans le courant de mois de juin 2021, vers plusieurs centaines de structures différentes et depuis huit pharmacies centrales des plus importants hôpitaux publics, répartis sur le territoire régional et qui étaient nos établissements de santé pivots. Un défi logistique pour ces « pharmacies à usage intérieur », pour les centres eux-mêmes, mais aussi pour les équipes du ministère et de l'agence, qui passaient plusieurs soirées par semaine à calibrer l'adéquation des livraisons aux capacités d'injections, aux besoins locaux, et aux demandes (souvent légitimes) d'augmentation des dotations. Nos outils fonctionnaient sur une base assez simple : une répartition selon une clé populationnelle, les plus de 75 ans initialement, avec une modulation pour les quelques départements dont nous savions qu'ils présentaient une fragilité particulière en cas de reprise épidémique forte. La mortalité importante due au Covid en Seine-Saint-Denis et, au-delà, le lourd impact épidémique subi par ce département expliquent que nous ne nous en sommes pas tenus à une répartition mathématique des doses. C'était un choix difficile, dans un contexte de rareté de la ressource, mais je savais que si nous ne mettions pas plus de doses que celles correspondant à la seule proportion de personnes âgées de plus de 75 ans dans les départements les plus jeunes de la région (Seine-Saint-Denis et Val-d'Oise), nous allions accentuer les déséquilibres et créer, de fait, une inégalité injustifiable dans l'accès aux vaccins.

La gestion de la rareté n'a pas été plus simple que la gestion des volumes importants de la mi-2021, que nous attendions pourtant avec une immense impatience, car il a notamment fallu dans les premiers jours de la campagne, et avec l'ouverture, le 18 janvier, de la prise de rendez-vous pour les plus de 75 ans, nous assurer qu'aucun centre n'ouvrait plus de créneaux qu'il n'aurait de doses disponibles. Pour tous les directeurs généraux d'ARS, ce furent des jours et des nuits de sueurs froides, sous le feu des critiques, pour ne pas être conduit à annuler des rendez-vous. La *task force* nationale recevait et faisait face avec un grand professionnalisme à nos demandes et à nos peurs. Car tout phénomène de surréservation, même très local, mettait en péril l'approvisionnement des autres centres, dans un contexte où toute dose avait une valeur énorme. Les équipes de l'agence ont travaillé avec les plateformes de prise de rendez-vous pour suivre au jour le jour les créneaux réservés dans chaque centre et mettre en place des systèmes d'alerte ou de blocage.

Ces outils nous ont permis de maîtriser les risques et de garantir un accès universel et équitable aux créneaux de vaccination à une époque où ces derniers étaient limités. Il faut ici rendre hommage aux équipes de ces entreprises, qui ont parfois été sous le flot de nos demandes pressantes, de nos critiques aussi, mais qui ont permis, à leur niveau, d'assurer un accès massif à la vaccination.

Dès le lancement de la campagne, notre connaissance de son état d'avancement était assez riche (ce qui n'est jamais autant le cas d'autres types de campagnes vaccinales, comme la grippe) : grâce aux extractions du système d'information national « Vaccin Covid », développé par l'assurance-maladie, et à son retraitement par les équipes de l'agence, nous étions capables de connaître chaque jour le nombre de doses injectées la veille, leur répartition par type de structure, par classe d'âge, par type de vaccin ou par commune.

Chaque jour nous scrutions également, pour chaque lieu de vaccination, la cohérence entre le nombre de doses allouées, le volume de rendez-vous pris et le nombre d'injections effectivement réalisées, avec un objectif obsessionnel : ne pas annuler de rendez-vous qui auraient été pris au-delà des stocks disponibles, ne pas perdre de doses, faire en sorte que l'intégralité des doses allouées soit injectée. Il a globalement été atteint, même si les premières semaines de la campagne ont été compliquées.

Puis les indicateurs se sont affinés au fur et à mesure que la campagne s'étendait et se complexifiait. Il nous fallait en effet pouvoir suivre l'évolution de la demande afin de programmer au mieux les allocations de doses, réagir rapidement en cas d'écart par rapport aux prévisions, réallouer entre centres ou pharmacies des hôpitaux. Dès le mois de mars, nous sommes en mesure de suivre la durée moyenne entre la prise de rendez-vous et la date de l'injection, le nombre de rendez-vous qui ne seraient pas réservés dans les vingt-quatre ou quarante-huit heures à venir, où ceux qui ne seraient pas honorés. L'enjeu est majeur à l'approche du mois de juin, alors que les personnes éligibles depuis janvier ou février sont majoritairement vaccinées et que les plus jeunes ne sont pas encore éligibles. Toute baisse de la demande, de même qu'un surcroît de prises de rendez-vous, doivent faire l'objet d'une réaction rapide, souvent dans les vingt-quatre heures. C'est le cas le 12 juillet 2021, lorsque le président de la République annonce la mise en place d'un « pass sanitaire » à compter du 9 août et que les prises de rendez-vous sont multipliées par quatre ou cinq en l'espace de quelques heures.

L'autre enjeu de la campagne, l'enjeu principal en réalité, c'est que la couverture vaccinale atteigne suffisamment vite un niveau permettant une protection individuelle et collective contre le Covid. Nous savions qu'elle ne progresserait pas au même rythme sur l'ensemble des classes d'âge, des territoires franciliens, et notamment dans les départements davantage marqués par la précarité ou des difficultés d'accès aux soins. Nous avons testé et lancé un certain nombre d'initiatives, qui s'appuyaient sur des diagnostics progressivement plus précis et plus ciblés. La mise à disposition de données de couverture vaccinale des résidents franciliens, fournies par l'assurance-maladie, a constitué une avancée importante. Alors que nous disposions jusqu'à présent de taux calculés en fonction du lieu de l'injection, ne tenant donc pas compte de l'endroit où résidaient les personnes vaccinées, ces indicateurs fondés sur la résidence nous permettaient de mieux mesurer la montée en charge de la couverture vaccinale de chaque département, puis rapidement de chaque commune ou intercommunalité. Cela a été décisif pour le déploiement de dispositifs d'« aller-vers », au plus près des territoires où la vaccination prenait du retard.

Ensuite, la possibilité d'appariement entre les bases de dépistage, d'admissions à l'hôpital et de vaccination a permis de mesurer la répartition des contaminations ou des entrées en réanimation entre les patients non vaccinés et ceux complètement vaccinés… et de contribuer ainsi à la pédagogie collective sur l'importance de la vaccination. Début 2022 encore, les personnes non vaccinées étaient, en proportion de la population, neuf fois plus présentes en soins critiques que les personnes complètement vaccinées.

Les quelques pages qui précèdent entendaient montrer à quel point l'exploitation des données est devenue aujourd'hui l'un des éléments clés de la réussite ou de l'échec des politiques publiques, ici de santé, mais sans doute plus largement de l'articulation entre les interventions de terrain d'un côté et l'appropriation et la production de données de l'autre. L'une des avancées majeures de la crise est l'appropriation des données par les acteurs du champ de la santé, mais aussi par ceux qui veulent agir en santé publique. Surtout, le fait d'avoir tenté d'adapter en temps réel les moyens déployés en prévention à une analyse partagée des données a largement contribué à la convergence avec les acteurs locaux, et notamment les élus. La surveillance épidémiologique produit des informations pouvant être appropriées à l'échelle territoriale, au-delà du seul décideur régional. Les frontières entre épidémiologie et promotion de la santé s'estompent. Par ailleurs, les utilisateurs non professionnels, notamment les élus et les acteurs associatifs, ont désormais une vision lucide des possibilités, mais aussi des limites, des données.

Les données, et c'est la différence entre les acteurs publics et les acteurs privés, n'appartiennent pas qu'à ceux qui les produisent… Ainsi, la question de leur partage doit être approfondie car elle répond à deux enjeux de démocratie et d'efficacité essentiels : d'abord mettre en place des réponses ciblées sur les territoires, dans une logique de pilotage partagé, avec des temporalités qui varient selon les pathologies ; ensuite déployer une pédagogie de l'appropriation qui permette de légitimer l'action des acteurs. Cela demeurera un levier pour toutes les situations de crise, mais c'est d'ores et déjà un outil puissant pour redonner de la force à certaines politiques de santé publique qui se déploieront dans la durée.

Chapitre 6

REBONDIR[1]

La pandémie de Covid est d'ores et déjà un événement historique, il sera étudié (il l'est déjà !) et enseigné dans différentes disciplines[2]. Une masse de

---

1. Ce chapitre est le fruit de nombreuses discussions, souvent passionnées, avec le docteur Luc Ginot, directeur de la santé publique de l'agence régionale de santé d'Île-de-France, car la crise a été au fond un véritable précipité des enjeux contemporains de santé publique. Nous avons essayé tout au long de la crise, d'une part, de mettre sur le papier nos convictions tâtonnantes afin de les partager et d'alimenter le débat et, d'autre part, de nous nourrir en permanence de l'imagination à l'œuvre chez tous les acteurs et en particulier les collaboratrices et collaborateurs de la direction de la santé publique de l'ARS.

2. Notamment, comme je l'ai déjà évoqué, dans différents séminaires de l'École des hautes études en sciences sociales où j'ai le bonheur d'enseigner et de participer à la dynamique collective exceptionnelle qui se noue, à quelques centaines de mètres du nouveau siège de l'ARS, sur le Campus Condorcet. Que les collègues, notamment Christophe Prochasson, Anne Rasmussen et Stéphane Audoin-Rouzeau, qui m'y ont accueilli avec bienveillance et disponibilité, ainsi que les auditeurs de mon séminaire, soient remerciés pour ce qu'ils m'ont permis de poser comme hypothèses, en les confrontant avec leurs propres champs de recherches.

sentiments, de convictions, d'intuitions, de doutes ou d'interrogations se bousculent lorsque l'on essaie de ressaisir en un bloc cette période. Et s'il ne fallait retenir qu'une chose ? Faisons cet exercice pour radicaliser quelque peu le propos, pour chercher au fond de soi en quoi cette crise nous a transformés. C'est extrêmement périlleux car la période a mobilisé tellement de champs de l'action publique et, pour chacun de ses acteurs en particulier, elle a nécessité d'utiliser une telle palette de compétences, que le choix est rude. Mais si, tout de même, il fallait faire un choix et crier quelque chose un peu plus fort que le reste, que retenir ?

Alors je prends le risque de me lancer : la conviction essentielle que je garderai à l'issue de cette période, c'est qu'il faut un rebond politique de la santé publique. Et ce rebond est possible.

Comme pour le précédent, j'assume dans ce chapitre d'aller un peu plus loin dans la présentation des dispositifs, pour illustrer ce que les mots veulent dire au-delà des affirmations générales. Car, d'une certaine manière, la notion de « santé publique » est parfois quelque peu fourre-tout, or, comme pour le reste des disciplines scientifiques, il existe bien une approche par les preuves. Nous pouvons dire que des dispositifs ont fonctionné et que d'autres ne sont pas parvenus à renverser les tendances. Sur ce sujet plus que sur d'autres, il serait présomptueux à ce stade de vouloir tirer des conclusions systémiques. Il est évident aussi que ce chapitre, moins encore que les autres, ne se conçoit pas comme une défense et illustration de ce qui a été conduit en Île-de-France, mais il se trouve que la région a été à la fois la plus touchée par le Covid et qu'elle est celle qui concentre le plus d'inégalités. Il se trouve aussi que ces exemples peuvent susciter l'expérimentation ou le débat.

Le gouvernement, en intégrant, dès l'annonce du Ségur de la santé à l'été 2020, une mesure sur ce sujet et en lançant un travail sous l'égide du professeur Franck Chauvin à l'été 2021, l'a bien compris. Mais le chantier est immense, car il suppose d'abord une prise de conscience large. Je l'ai évoqué, il est encore extrêmement difficile aujourd'hui en France de convaincre que la prévention et la promotion de la santé dans toutes les politiques sont un enjeu essentiel, déterminant, pour le bien-être des populations. Dire cela, ce n'est dire ni que les logiques de régulation du système de santé ne doivent pas être profondément transformées, ni que la question des capacités, notamment en matière de lits de réanimation, serait secondaire. Mais cela implique quand même de reconnaître, et la démonstration en est faite à l'échelle internationale depuis des décennies, que c'est avant l'hôpital que se nouent les inégalités et que c'est dans ce domaine que notre système est en France le plus faible. Nous le savions, nous l'avions lu des dizaines de fois, formulé dans des colloques, nous l'avions écrit à notre tour avec Luc Ginot, mais les éléments de surmortalité dans les quartiers populaires qui nous parviennent dès la mi-mars et qu'analysera immédiatement Hugo Bevort, ami précieux, venu en renfort pendant plusieurs mois à l'ARS, notamment à la délégation départementale de la

Seine-Saint-Denis, dont la force d'analyse et de conviction a été indispensable sur ces sujets, sont tout de même un coup au sternum. C'est l'empreinte de ce K-O qui me restera le plus durablement.

C'est dans ce champ que nous devons creuser le plus profondément le sillon et c'est dans ce champ que la notion de « coalition » prend sans doute son sens le plus évident.

L'épidémie de Covid-19 a en effet percuté le système de santé dans toutes ses dimensions. Pour qu'il tienne, tous les acteurs ont pris leur part, à l'hôpital, en ville, dans les EHPAD, dans l'administration aussi.

Pour moi, je l'ai évoqué plus haut, l'une des images qui s'imposent c'est celle de notre visite en Seine-Saint-Denis quand nous sommes allés à la rencontre des équipes dans des services de réanimation à Bobigny, Montfermeil et Aulnay, au moment où les arrivées de malades y étaient les plus massives. Dans ces services, au CHU comme dans un hôpital général ou une clinique, partout il était évident que se jouait plus qu'une question sanitaire, que derrière l'épidémiologie se dessinait très nettement la question sociale, celle des déterminants sociaux dans l'accès aux soins, celle des ségrégations de toute nature, celle des comorbidités qui touchent les populations les plus fragiles et pour lesquelles le Covid est devenu une sorte de chambre d'écho : celle des inégalités, tout simplement.

Maintenant que les vagues se répètent, que, contrairement à d'autres pays, notre système de santé, au prix d'énormes sacrifices, a tenu jusqu'à présent, le soulagement, la fierté légitime de tous ceux qui, à leur place, ont contribué à ce combat, voisinent avec la blessure amère d'une surmortalité à ce point différenciée d'un territoire à l'autre. Cela fait naître une obligation, celle de réarmer, encore plus fortement que nous ne le faisons depuis des années, les dispositifs de santé publique et de prévention. Ce réarmement est une nécessité si l'on veut que le principe d'égalité ait un sens, car malgré notre engagement et la mobilisation de tous, nous ne sommes pas quittes.

C'est une évidence, désormais clairement établie notamment par l'étude que l'observatoire régional de santé a conduite à la demande de l'ARS dès mars 2020 : les caractéristiques de cette épidémie, ses formes de transmission, en ont fait un amplificateur d'inégalités. La situation de la Seine-Saint-Denis a été beaucoup discutée. Mais dans toute l'Île-de-France, l'épidémie a touché plus fortement les quartiers et les villes où se concentrait la pauvreté, selon une mécanique qui semble implacable : des pauvres plus exposés aux contaminations, du fait notamment de leurs logements et de leurs emplois ; des populations qui développent plus fréquemment des formes sévères de la maladie, compte tenu de la prévalence de facteurs de comorbidité (obésité, diabète…) ; une fois gravement atteints, des patients dont l'accès aux soins nécessaires pour être sauvés a bien souvent été trop tardif.

On pourrait insister sur les spécificités glaçantes de ce virus, constatées partout dans le monde, mais il faut dire dans le même mouvement que l'impact essentiel des inégalités n'est évidemment pas une découverte. Depuis 2010, l'ARS avait fait, sous l'égide de Claude Évin puis de Christophe Devys et elle le continue aujourd'hui sous celle d'Amélie Verdier, de la lutte contre les inégalités son premier objectif. La cartographie des inégalités socio-économiques se superpose, dans le Grand Paris, à la cartographie des inégalités de santé. Derrière ce mot d'inégalités de santé, sachons nommer les choses : l'espérance de vie varie de 10 ans d'une station à l'autre d'une ligne de RER ; le taux de patients admis en affection de longue durée pour diabète, à structure d'âge égale, est trois fois plus élevé dans l'est du Val-d'Oise que dans l'ouest de Paris ; l'absence de recours aux soins buccodentaires, le renoncement aux soins ou leur report faute de moyens sont des réalités diffuses mais très tangibles… Emmanuel Vigneron[1] avait documenté et cartographié ce phénomène de façon très claire au début des années 2010, après que cela a été fait sur les lignes de métro londoniennes : « En moins d'un quart d'heure de trajet, le risque de mourir une année donnée augmente de 82 % entre les arrondissements les plus aisés de Paris et le quartier du Stade de France ! » On pourrait multiplier les indicateurs et notamment les différentiels d'espérance de vie, toujours aussi violents entre ouvriers et cadres à l'âge de la retraite.

Tirer les leçons de cette épidémie suppose donc d'ouvrir la focale, de replacer ce que nous avons vécu

1. Emmanuel Vigneron, *Les Inégalités de santé dans les territoires français. État des lieux et voies de progrès*, Paris, Elsevier-Masson, 2011.

dans un champ large, de s'émanciper du caractère exceptionnel de la crise pour en tirer des enseignements et des actions durables. La prise de conscience globale de ces enjeux et les moyens dégagés notamment par le Ségur de la santé nous en créent déjà l'obligation, les constats énoncés nous en pressent.

Pour répondre aux inégalités, il faut d'abord, et cela vaut sans doute la peine de le redire, organiser la solidarité régionale entre les territoires franciliens. C'est précisément pour cela que dès le début des événements, nous avons construit une approche régionale des capacités de réanimation afin que chaque habitant de cette région y ait accès si elle était nécessaire. Cette solidarité régionale a permis qu'un patient pris en charge par le SAMU dans un quartier de l'Essonne dispose de la même qualité de soins qu'un habitant du cœur de Paris vivant à proximité d'un CHU.

Pour faire face au Covid, nous avons construit des mobilisations d'acteurs inédites, des outils d'action publique jamais développés à cette échelle vis-à-vis des publics les plus fragiles, parce que nous avons pu voir sous nos yeux, et nous voyons encore, la puissance des coalitions d'acteurs – État, collectivités, assurance-maladie, médecins de ville ou hospitaliers, associations – pour « aller-vers » les publics éloignés du soin.

Pour répondre aux inégalités, il faut aller à la rencontre des publics les plus fragiles dans des approches démultipliées. La nécessité d'une action concrète et différenciée n'a été une découverte ni pour l'État, ni pour les collectivités. Fin 2019, nous avions renforcé ces dispositifs à l'occasion du plan « L'État plus fort en Seine-Saint-Denis » : renforcement des permanences d'accès aux soins de santé (PASS), augmentation du financement des hôpitaux pour la prise en charge des publics précaires, mobilisation du fonds d'intervention régional de l'ARS pour financer des projets associatifs, notamment de santé communautaire, investissement hospitalier, soutien aux projets de la médecine de ville… La crise nous a cependant imposé et, je risque le mot, permis d'aller plus loin. La contribution des établissements hospitaliers dans ces démarches d'« aller-vers » a été essentielle, la contribution de l'hôpital public aux démarches de santé publique a connu une ampleur inédite. La constitution d'équipes mobiles d'appui ou l'armement de près de 3 000 opérations de dépistage conduites dans des quartiers plus exposés au virus de la région l'a montré.

Transformer la santé publique aujourd'hui, c'est, j'en suis convaincu, pérenniser ces démarches, c'est construire dans la durée une approche partagée de la santé des personnes hébergées et en parcours d'asile ou d'insertion.

Dès le mois de février 2020, la question des personnes à la rue ou prises en charge par des dispositifs publics d'hébergement d'urgence a été une préoccupation de l'ARS et de la préfecture de région, sous l'égide de Michel Cadot puis de Marc Guillaume, Magali Charbonneau assurant une remarquable coordination des acteurs en Île-de-France. L'inquiétude sur la fragilité de ces publics, très nombreux dans la région capitale, la diffusion de l'épidémie en raison de leurs conditions de vie, de leur accès aux soins déficient ont conduit à mettre en place des mesures très rapides : formation des personnels des centres d'hébergement, équipes mobiles mises en place par l'agence, centre d'accueil pour personnes atteintes du Covid, etc. L'ensemble de ce dispositif semble avoir porté ses fruits, puisque l'impact de l'épidémie apparaît, à ce jour, beaucoup moins tragique que nous ne le craignions et beaucoup moins fort qu'il ne l'a été dans d'autres pays. Rappelons que, en arrêtant mes compteurs à l'été 2021, 2 100 personnes porteuses du Covid ont été accueillies dans ces structures d'hébergement, que 780 équipes mobiles ont été mises en place, permettant à plus de 20 000 personnes hébergées ou à la rue de bénéficier d'un dépistage. Mais surtout, ce dispositif a démontré la pertinence d'une structuration forte et régionale des démarches d'aller-vers, et la puissance d'action des logiques de coalition : associations, collectivités, préfectures et agence ont réussi à bâtir des objectifs et des pratiques communes, chacun restant cependant lui-même. Ces pratiques doivent non seulement être pérennisées, mais étendues à d'autres groupes sociaux.

Mais une fois encore, après avoir fait cela, nous ne serons toujours pas quittes.

Si le travail en direction des plus précaires, des exclus, a pu être accéléré, coordonné, facilité, nos démarches n'ont pu rompre l'équation qui conduit par exemple des travailleurs pauvres, ces « premiers de corvée », à être davantage exposés et à moins recourir aux soins. Au-delà de la prise de conscience des inégalités de santé, c'est la compréhension de leurs mécanismes qui est désormais mieux partagée. En particulier le rôle du logement, celui des conditions de travail, notamment précaires et mal protégées, celui de la pauvreté, des transports, sont admis par tous. Épidémiologistes, cliniciens hospitaliers, décideurs politiques reprennent à leur compte les conclusions de la commission Marmot[1] : les inégalités de santé sont, d'abord, les effets de déterminants sociaux. Et ces effets ne sont pas de simples équations mathématiques : ils sont à l'origine de la surmortalité dans nos quartiers, chez les plus pauvres d'entre nous. Cette perception à la fois généralisée et plus aiguë n'est pas sans contradictions : les professionnels de santé n'intègrent pas toujours cette donnée dans leur analyse diagnostique et les systèmes d'information en santé n'enregistrent quasiment jamais les caractéristiques sociales, nous faisant courir le risque d'une nouvelle cécité épidémiologique et sociale à terme.

C'est là un sujet majeur. Intégrer les facteurs sociaux, voire ethniques, comme des facteurs importants dans la

---

1. La Commission des déterminants sociaux de la santé (CSDH) a été créée par l'OMS en mars 2005 pour aider les pays et les partenaires mondiaux de la santé à lutter contre les facteurs sociaux menant à la mauvaise santé et aux inégalités en matière de santé. La Commission visait à attirer l'attention des gouvernements et de la société sur les déterminants sociaux de la santé et sur la création de meilleures conditions sociales pour la santé, en particulier parmi les personnes les plus vulnérables. La Commission a remis son rapport à l'Organisation mondiale de la santé en juillet 2008.

prise en charge et l'orientation diagnostique n'est pas une évidence. On a même du mal à écrire, et nous l'avons éprouvé directement, des préconisations en la matière, beaucoup plus en tout cas que dans les pays anglo-saxons où ces approches sont plus banalisées et ont fait l'objet de publications depuis le début de l'épidémie.

Mais malgré tout, la capacité de notre pays à affronter les mécanismes inégalitaires en santé est aujourd'hui renforcée par ce que la crise a révélé. D'une certaine façon, la pandémie peut transformer l'action publique comme le rapport Black[1] l'avait, en son temps, fait au Royaume-Uni.

Ainsi, la protection de ceux qui occupent les emplois essentiels de notre métropole, et qui ont bien souvent continué de travailler pendant le confinement, est non seulement un enjeu social, mais aussi sanitaire. Pour

1. En août 1980, le ministère britannique de la Santé et de la Sécurité sociale a publié le rapport du groupe de travail sur les inégalités de santé, également connu sous le nom de rapport Black (du nom de Sir Douglas Black, président du Royal College of Physicians). Le rapport montrait en détail l'inégalité de la répartition de la maladie et des décès parmi la population britannique, et suggérait que les inégalités se sont creusées plutôt que réduites depuis la création du National Health Service en 1948. Le rapport a conclu que ces inégalités n'étaient pas principalement attribuables aux défaillances du NHS, mais plutôt à de nombreuses autres inégalités sociales influençant la santé : revenu, éducation, logement, alimentation, emploi et conditions de travail. En conséquence, le rapport a recommandé une vaste stratégie de mesures de politique sociale pour lutter contre les inégalités de santé.

eux, comme pour les plus mal logés, nous devons faire davantage, pour mieux saisir la façon dont leur position sociale produit des effets sur leur santé et sur leur prise en charge médicale. Ce sont des sujets sensibles, personne ne l'ignore. Ils recouvrent des effets individuels, mais aussi des logiques urbaines, notamment de ségrégation désormais bien documentée, qui nécessitent une action globale, bien au-delà du champ de la santé.

Nous devons assumer en France que la politique de prévention et les moyens qui doivent lui être consacrés sont une partie intégrante de la politique de santé, qu'une intervention le plus en amont possible sur les déterminants est le moyen le plus puissant de maintenir la population en bonne santé.

Mais il faut aussi construire les conditions pour que le système de soins, y compris hospitalier, soit en capacité de tenir compte de l'impact clinique du contexte social. Nous devons apprendre à bâtir des protocoles de prise en charge qui garantissent la réelle intégration de ces conditions socio-économiques comme facteur d'évolution de la maladie. C'est un des acquis de la prise en charge de l'épidémie dans de nombreux pays, mais cela aura tout son sens dans la durée.

Sur ces approches, beaucoup a déjà été fait en France dans la lutte contre certaines pathologies, tels le saturnisme ou le sida. Nous devons aller plus loin : renforcer les logiques de « santé communautaire » (même si, aujourd'hui encore, l'emploi de ce seul terme en public est parfois regardé comme un recul sur le principe d'égalité, voire sur l'universalisme !), aider le système de soins à tenir compte du profil social des patients, agir sur les effets sanitaires des discriminations.

La crise, parce qu'elle nous a amenés à innover, à réussir, et parfois à constater que nos démarches sanitaires ne suffisaient pas à contrer le déterminisme social, doit déboucher sur un rebond. Et l'on peut aussi dire que ce rebond entre en résonance directe avec les mobilisations politiques et citoyennes, comme avec la revendication d'équité et de justice qui s'exprime actuellement partout dans le monde. Tout cela doit nous inspirer pour engager la transformation de la santé publique, pour la réinventer sans doute. Chacun doit pour cela accepter d'entrer dans la mêlée, pour être à la hauteur de ce que cette crise nous a définitivement appris.

Dans cette perspective, la période de l'automne-hiver 2020 peut nous éclairer. Tirant les leçons de la première vague, des stratégies de santé communautaire plus adaptées ont été déployées par l'ARS et par les partenaires – associations et parfois collectivités locales. La formation de centaines d'acteurs de proximité à la prévention, la mobilisation des coordonnateurs des contrats locaux de santé, celle des bailleurs sociaux, ont permis d'étendre la stratégie de coalition à d'autres groupes sociaux que les personnes les plus précaires. En parallèle, de premières études montrent que la surmortalité de la deuxième vague est restée territorialement – donc socialement – inégalitaire, mais de manière très amoindrie. Il serait excessif d'imputer cette évolution aux seules actions de prévention portées par l'agence notamment, mais il est probable que plusieurs mécanismes ont joué de façon conjointe : une appropriation collective d'une démarche de promotion de la santé, incluant gestes barrières et dépistage ; une détermination mieux partagée à protéger les plus démunis ; une amélioration globale des prises en charge. Cette évolution ne devrait pas être sous-estimée. En d'autres termes, les inégalités de santé, si structurelles soient-elles, ne sont pas une fatalité et peuvent être réduites.

Qu'est-ce que cela signifie concrètement, quelles actions peut-on mettre en œuvre dans la durée ?

La santé urbaine : refonder les priorités

Sur ce plan aussi, la crise accélère le passage des mots à la chose, car à chaque instant l'organisation du territoire, de la ville, de la société a donc été au premier plan des facteurs d'aggravation. L'épidémie se diffuse par la surpopulation des logements, par l'exposition professionnelle de salariés mal protégés. Elle atteint des groupes sociaux fragilisés par des comorbidités dont la prévalence est totalement superposable à celle des inégalités de santé. Elle sévit plus fortement sur des territoires qui accueillent ces groupes sociaux. La prise en charge se heurte à un système de soins de premier recours inéquitablement réparti, au détriment de ces mêmes territoires. La prévention est entravée par la crainte de perdre son emploi, omniprésente et dont on a sous-estimé l'impact, crainte qui induit le maintien à une exposition professionnelle, à de longs transports, mais aussi le refus du dépistage et de ses conséquences potentielles.

L'ensemble de ces phénomènes conduit à revisiter la notion de santé urbaine, notamment sous deux angles.

D'une part, il nous faut penser le lien entre développement urbain et santé en se dégageant d'une vision simpliste et angélique. Au-delà de l'aménagement urbain lui-même, les questions de l'usage de la ville et du territoire sont au premier plan. Adapter les transports aux horaires des salariés les plus fragiles, programmer des logements de grande taille et financièrement accessibles, permettre aux salariés précaires de vivre plus près de leur lieu de travail ; inventer des modes de protection adaptés aux situations sociales : lutter contre l'épidémie – celle-ci ou d'autres – passe par une réflexion sur un urbanisme beaucoup plus tourné vers l'usage social. Ces sujets ne sont pas spécifiques à la situation actuelle : on les retrouve également dans l'approche urbaine des maladies chroniques, en particulier du diabète et des maladies cardio-vasculaires.

Le Covid sert de révélateur encore plus acide d'une réalité que nous connaissions déjà. Surtout, il apporte les preuves que ce ne sont pas là que des mots. La question sociale, donc la question urbaine, détermine l'état de santé de la population.

Mais la crise nous a aussi permis d'aller plus loin, en nous confrontant à des réalités plus dures encore, car elle a montré d'autre part que les notions de ségrégation et de discrimination émergeaient en France comme un déterminant de santé en tant que tel. Si l'on met en regard les données internationales démontrant l'impact de l'épidémie sur les minorités ethniques et la projection territoriale de la surmortalité, on retrouve cette interrogation, que portent chercheurs, acteurs de la société civile et désormais professionnels de santé : habiter dans un quartier considéré comme « ségrégué » ou être discriminé est un facteur aggravant de la diffusion de l'épidémie et de son impact socialement inégalitaire. Les caractéristiques urbaines de l'Île-de-France rendent cet enjeu encore plus prégnant.

On voit qu'il s'agit ici d'une refondation complète des approches en santé urbaine. Celle-ci doit prendre en compte – très au-delà des sujets classiques de circulations douces ou de disponibilités en espaces verts – l'ensemble des interactions entre la santé et les déterminants collectifs. Elle doit affronter « les causes des causes », et pas seulement la question des pratiques et déterminants individuels. Elle doit se dégager d'une approche étroitement territoriale, parfois même localiste, pour engager une action structurelle sur les mécanismes sociaux.

Opérer le grand renversement

Tout cela passe par une modification profonde de l'appropriation sociale de la promotion de la santé. Nous avons appris, ou réappris, en un an que l'épidémie ne sera maîtrisée que par un immense effort de prévention individuelle et communautaire. Nous avons redécouvert que réduire la morbidité et la mortalité passait, d'abord, par la prise en compte des contextes de vie. Nous en avons déduit que, pour protéger le système de soins, il fallait agir sur le contexte social. Cela renverse définitivement l'ordre des priorités. La promotion de la santé n'est plus le supplément d'âme, la prise en compte des écarts sociaux n'est plus une simple question d'équité : l'une et l'autre conditionnent la pérennité de notre système de santé et l'adhésion de nos concitoyens à ce modèle universel. Mais on voit bien que pour cela le débat doit être poussé jusqu'à ses moindres contradictions. Trop souvent, l'action publique est évaluée – y compris par les élus – à l'aune du nombre de lits hospitaliers créés, de la répartition des services de réanimation. L'exigence démocratique et sociale à l'égard d'une stratégie de promotion de la santé ne se manifeste que de façon épisodique, distante.

Débattre de cette stratégie est difficile, notamment parce que celle-ci rejoint de nombreux autres champs politiques, ce qui exclut toute posture simpliste. Mais c'est ce qu'il nous aura fallu apprendre de cette crise, si l'on veut qu'elle ait au moins servi à cela.

Une santé publique transformée ?

À l'heure où j'écris ces lignes, après deux ans de pandémie, et il est certain que les semaines et mois à venir nourriront encore plus profondément cette analyse, il semble donc possible de verser au débat quelques illustrations, convictions, et peut-être quelques preuves que la santé publique doit être remise au premier plan. Ici encore, je ne prétends nullement à l'exhaustivité, je revendique même au contraire la spécificité de l'échelle francilienne, de notre culture de santé publique, d'un engagement ancien et résolu des collectivités, mais cela me paraît pouvoir sortir d'un implicite funeste : celui qui consiste à penser que seul le soin soigne ! Prendre soin, c'est bien autre chose au fond.

Au-delà des constats évoqués plus haut, la crise a mis en valeur de nouveaux outils, de nouveaux acteurs et surtout la puissance potentielle de leur coalition.

• La disponibilité de nouveaux acteurs pour une démarche de promotion de la santé, qu'il s'agisse des pratiques d'engagement citoyen contre l'épidémie en première vague (fabrication de masques, solidarités de proximité…) ou de l'engagement de nombreux acteurs associatifs ou institutionnels de la société civile lors des deuxième et troisième vagues.

• Le rôle joué par les établissements de santé d'une part, l'assurance-maladie d'autre part, en particulier dans les stratégies d'aller-vers. L'assurance-maladie, dirigée par Thomas Fatôme à compter de la fin de l'été 2020, a en particulier pris en charge des actions de prévention qui, souvent, revivifient les fondamentaux de solidarité et d'universalisme ayant présidé à la création de la Sécurité sociale, tout en maintenant son engagement sur le *contact tracing*.

Il est nécessaire, en temps réel, de suivre l'impact de la crise, encore non totalement quantifié, sur les autres pathologies mais aussi sur la santé psychique de catégories entières de la population, qu'il s'agisse des dynamiques propres de l'épidémie ou des effets des mesures visant à freiner la progression du virus.

Ces éléments, et d'autres, ont conduit à reconsidérer le rôle de la promotion de la santé et de la santé publique. Jusqu'alors ces logiques étaient moins présentes dans le débat public que celles liées aux besoins du système de soins. C'est à un renversement des pratiques que la crise a finalement appelé. On peut d'ailleurs dire assez simplement que la santé publique est, par essence, une science et une pratique de la transformation sociale.

J'en reviens ici à l'idée de coalition : des acteurs divers et souvent majeurs appartenant à la société civile ont montré à la fois leur engagement et la pertinence de leurs actions dans le champ de la promotion de la santé. Au fond, il me semble que se dessinent quatre axes complémentaires, susceptibles notamment d'avoir un impact sur les déterminants de santé et de porter une dimension de participation des habitants, en ayant toujours en tête qu'aucune main invisible ne viendra d'elle-même faire émerger ces coalitions.

• Développer des alliances avec les grands réseaux sectoriels de la société civile (bailleurs sociaux et amicales, syndicats, grandes associations caritatives, etc.), dont la représentativité permet des actions puissantes.

• Maintenir et développer des relations avec les intervenants de proximité des territoires, y compris ceux n'ayant pas de liens directs avec l'État (clubs sportifs, associations de quartier, groupes de voisinage, etc.), en trouvant des formes simples de soutien.

• Renforcer le rôle des coordinateurs des contrats locaux de santé, et donc de cet outil impliquant collectivités et services de l'État comme pilotes de stratégies locales, avec l'indispensable implication des maires eux-mêmes.

• Maintenir des espaces d'échanges de bonnes pratiques et une fluidité des questionnements entre acteurs de la promotion de la santé, acteurs de la société civile et acteurs publics. Partager ce qui fonctionne, dire ce qui n'a pas marché, s'appuyer sur des productions déjà élaborées par tel ou tel. En Île-de-France, à l'été 2020, l'ARS avait lancé le programme « Covid stop ensemble » : au-delà du titre, sur lequel nous aurions sans doute pu être plus imaginatifs, ce dispositif a été salué, notamment pour le partage d'informations validées et mises en commun. Dans un contexte d'incertitude, encore une fois, le rôle de la puissance publique est de ne laisser aucun acteur dans une situation d'isolement.

Ces exigences demandent un engagement quotidien, car même dans la tourmente les forces centripètes sont toujours puissantes. Dès lors, quelques principes me semblent s'imposer. La crise a montré à quel point la notion de déterminants de santé s'inscrivait dans les corps, dans les psychismes et dans la perception commune de la vie sociale.

Aujourd'hui, le rôle du logement ou celui de l'emploi sont reconnus et documentés. Il est possible, nécessaire et attendu de mettre en place des programmes spécifiques associant les grands acteurs des secteurs concernés.

Il faut le redire aussi, la question de l'emploi précaire, avec l'interface majeure entre la crainte de perte d'emploi et les pratiques de santé, du point de vue du soin comme de la prévention, est majeure. Ainsi, nous ne sommes pas parvenus, malgré plusieurs tentatives, à toucher suffisamment les travailleurs pauvres, que ce soit sur les enjeux de dépistage comme de vaccination. Nous avons inventé des dispositifs : dépistage à l'aube à Rungis ou sur de grandes zones logistiques, dans les grandes gares d'interconnexion, dès l'ouverture des réseaux de transports, dispositif dédié de vaccination pour les livreurs des plateformes ou les chauffeurs VTC. Chaque fois, le ratio entre les moyens mobilisés, les acteurs impliqués et le nombre de dépistages opérés ou de vaccins injectés a été faible. Sur le papier, c'est un demi-échec, mais un demi-échec indispensable et des actions dans lesquelles nous aurions été fautifs de ne pas nous engager.

Sur un autre plan, et chaque jour les chiffres le démontrent, il fut intégrer à la réflexion l'interaction entre pollution atmosphérique, autres déterminants de santé, et état de santé. Cet élargissement passe à la fois par la définition de besoins de connaissances, par les stratégies de coalition développées plus haut et par le renforcement du dialogue avec les autres politiques publiques.

Je l'ai dit, il me paraît indispensable de développer une logique de santé urbaine transformatrice. Le fonctionnement de la ville, au-delà de l'urbanisme, a été mis en question par la crise. Les questions liées à la métropolisation, aux rapports collectifs, aux espaces collectifs et à l'équité de leur disponibilité, mais aussi aux transports, aux systèmes alimentaires, à un urbanisme favorable à la santé sont apparues au cœur même de l'épidémie, et très fortement au-delà. Il est nécessaire de développer une stratégie de santé urbaine débarrassée de tout angélisme, et en capacité de rendre lisibles les enjeux d'inégalités en santé liées au fonctionnement de la métropole. Cela concerne bien sûr les zones métropolitaines mais aussi les territoires enclavés comme périurbains.

Pérenniser et étendre les logiques d'aller-vers est évidemment un axe structurant, même si nous n'avons pas fini, notamment avec l'assurance-maladie, de tirer toutes les conséquences de ce qui a été engagé pendant la crise. Durant celle-ci, ces démarches, initiées par les équipes mobiles de dépistage, suivies des barnums de dépistage, puis reprises avec les équipes mobiles et les barnums de vaccination, ont mobilisé à la fois une dimension militante et engagée, témoignant d'un besoin chez les professionnels, et la puissance des établissements de santé. Surtout, l'aller-vers a permis d'atteindre non seulement des personnes très précaires, mais aussi des habitants de quartiers populaires, des personnes modestes, et celles vivant en milieu enclavé ou rural. Je pense ici aux bus que nous avons engagés dans les parties rurales de l'Île-de-France, et notamment en Seine-et-Marne, dans un partenariat inédit avec la région et la RATP. Plusieurs points sont nécessaires pour conforter l'aller-vers collectif et communautaire : pérenniser l'aller-vers dans les quartiers populaires ; remettre à plat l'aller-vers individuel notamment dans le champ de la périnatalité, qui reste un enjeu essentiel.

La puissance publique doit également s'adapter aux nouveaux fonctionnements sociaux. L'accélération du rôle joué par l'information instantanée et le développement de systèmes dématérialisés d'appui constituent les deux faces d'un phénomène complexe qui pèse sur les pratiques de santé publique. D'une part, les personnes les plus éloignées, parfois les plus fragiles, sont percutées par une information non maîtrisée, non consolidée à une échelle collective ou communautaire. D'autre part, la réponse publique (par exemple pour faire face au deuil, à l'angoisse, etc.) prend également souvent une forme dématérialisée et/ou individuelle : plateformes téléphoniques, numéros verts, etc.

Ce mode d'échange, qu'il s'agisse de la « pénétration de la crise dans l'intime » ou de la « réponse publique à l'intime », doit être réinterrogé, en menant une réflexion approfondie sur plusieurs aspects à la fois opérationnels, théoriques et éthiques.

• Comment inscrire la parole publique et l'action publique dans les réseaux dématérialisés et le flux d'information, non seulement comme « contre-discours », mais aussi pour rassurer individuellement et collectivement ?

• Comment articuler réponses dématérialisées et prises en charge physiques, au risque sinon de créer de nouveaux biais sociaux et culturels dans la qualité de la prise en charge ?

On l'aura compris, un élément s'impose comme transversal par rapport aux précédents : une action conjointe avec l'assurance-maladie démultiplie la puissance de feu dans le champ de la prévention médicale et individuelle. L'assurance-maladie a fait la preuve non seulement de sa capacité à mettre en œuvre des actions de masse de prévention individuelle avec la vaccination, mais aussi à contribuer significativement à la réduction des inégalités et à porter des innovations comme le « vaccidrive » installé dans l'enceinte du parc des expositions de Villepinte. Il est nécessaire de pérenniser cet acquis, même s'il faudra sans doute inventer des solutions différenciées d'un territoire à l'autre.

Enfin, pour conclure, il me paraît indispensable de repositionner le rôle du système de soins dans la prévention et la promotion de la santé, et surtout dans la réduction de ce que les spécialistes appellent les inégalités sociales de santé (ISS) : la prise de conscience de l'importance des approches en santé publique a été générale chez les soignants et les maillons du système de soin. Il faut s'appuyer sur cet acquis, sans pour autant revenir aux approches médico-centrées. Plusieurs pistes sont possibles.

Ainsi, en matière d'inégalités sociales de santé, la question majeure est désormais l'identification des caractérisations sociales dans les systèmes d'information. En complément d'une démarche nationale, des expérimentations régionales doivent être poursuivies et parfois engagées.

Par ailleurs, les missions de santé publique des communautés professionnelles territoriales de santé (CPTS) sortent sans doute renforcées de la crise, et d'ores et déjà on sent que certaines d'entre elles entendent investir ce champ plus nettement.

Ce survol d'une partie de ce que je retiens des enjeux de santé publique éclairés par cette période montre deux choses.

L'une, sur laquelle je suis déjà longuement revenu, c'est que le nombre d'acteurs réalisant qu'ils ont entre les mains des leviers pour agir sur les déterminants de santé doit s'élargir. Cette prise de conscience s'opérait déjà avant la crise, elle doit s'accélérer et devenir irréversible. Si l'on élargissait la focale, vers la jeunesse et l'école par exemple, entrerait dans la mêlée un nombre encore plus grand de partenaires.

La seconde conclusion, pour moi la plus forte, celle qui a justifié le titre de ce chapitre, c'est la nécessité d'une appropriation et donc d'un rebond politique de ces questions. Les bases existent désormais. Olivier Véran, je l'ai dit, a tenu à en faire une des mesures du Ségur de la santé et une mission a été confiée au professeur Franck Chauvin sur le sujet. C'étaient des préalables. Mais ce rebond politique ne saurait être uniquement celui de l'exécutif national, quel qu'il soit d'ailleurs : il doit se jouer au Parlement, dans les collectivités, car les déterminants de santé sont partout. La mise en place d'un programme de prévention de l'obésité peut ainsi prendre des formes très différentes et l'État, en la matière, est dans la totale incapacité de faire seul. Je finirai par une remarque, frôlant le cynisme, ou à tout le moins très prosaïque : l'effort en matière de promotion et de prévention peut se déployer avec des moyens financiers limités. Il faut du temps, de l'engagement pour coordonner, ce n'est pas un supplément d'âme que l'on mettrait en place comme Monsieur Jourdain faisait de la prose, mais les résultats à long terme, au regard de l'investissement initial, seront puissants. C'est cela le rebond.

Ce n'est plus un pari à faire. L'épidémie nous l'a montré, violemment, les gens sont morts d'être pauvres et atteints de pathologies dont la carte se superpose totalement avec celle des inégalités sociales. C'est du cumul des inégalités que, partout dans le monde, l'épidémie s'est nourrie pour faire des millions de victimes, y compris des personnes jeunes. Le débat désormais n'est plus théorique, il est uniquement politique.

Il faut donc s'armer d'une conviction et la défendre, même si son caractère tautologique a pu parfois la décrédibiliser aux yeux de certains : le plus efficace pour ne pas solliciter le système de santé, c'est que les gens ne tombent pas malades. Combien de ministres, au moment de présenter leurs ambitions en matière de prévention, ont tenté de déployer cet argument, qui est vite pris pour une façon de s'exonérer des difficultés des hôpitaux ou de la démographie médicale ? Combien de fois vous entendrez-vous dire que tout cela renvoie au très long terme, que l'on ne peut pas avancer sur ces questions indépendamment de celles liées à la qualité de l'alimentation, à la pollution… Tout cela est vrai, mais ne peut pas dispenser d'opérer ce renversement. Toutes les échelles sont simultanément les bonnes et le fait d'attendre que tel ou tel acteur décisif bouge, par exemple les producteurs de sodas ou le secteur agroalimentaire, c'est justifier sa propre inaction. C'est le domaine dans lequel il faut accepter de tenter et accepter d'échouer. Mais l'action de l'un crée aussi souvent la mobilisation des autres, et des citoyens eux-mêmes. Très prosaïquement, cela nécessiterait nettement moins d'argent public que d'autres politiques conduites, y compris dans le champ de la santé. Je me dis souvent que les ressources consacrées à l'émergence d'une plus grande intelligence collective en matière de prévention et d'action sur les déterminants de santé, comme, dans une tout autre sphère de la santé, dans la psychiatrie, sont nettement en deçà de ce que nos sociétés contemporaines devraient mobiliser. Il faut massivement investir, pour que plus d'étudiants s'engagent dans ces spécialités qui sont de vraies disciplines de santé, que plus de publications soient produites, que les échanges internationaux soient plus fortement structurés... Tout cela n'est pas un « supplément d'âme », mais sans doute le cœur de ce qui nous permettra de vivre en meilleure santé dans les décennies à venir.

Pour conduire des politiques de santé publique, il faut se doter d'une forme de tenace résolution, car les effets sont longs à analyser et les causalités tellement multiples que les « preuves » sont parfois difficiles à apporter. Dans les moments de doute, j'ai l'impression que ce qui nous a mus, c'est une forme de rage militante, celle que j'avais connue dans mon engagement politique. Celle justement qui fait que la crainte de perdre n'efface pas l'envie de se battre. De ce point de vue-là, la relation si précieuse établie avec Luc Ginot, directeur de la santé publique de l'agence, a été indispensable. Elle a sans doute beaucoup à voir avec nos histoires respectives, pas si éloignées l'une de l'autre. Il y a eu sur ce sujet comme sur d'autres un mélange finalement assez naturel entre l'exigence professionnelle qui s'imposait à moi en tant que directeur général de l'agence régionale de santé et un moteur intime, qui consiste à retrouver le fil de l'envie de lutter concrètement contre les inégalités. Cela ne signifie évidemment pas qu'il y aurait une quelconque condition politique préalable pour faire de la santé publique. Il s'agit simplement de dire que la régularité avec laquelle la morsure initiale s'est rappelée à moi, la régularité de métronome avec laquelle la plaie pouvait se rouvrir sur la situation des plus pauvres dans l'accès aux soins, aux tests, aux vaccins, avait aussi sans doute à voir avec ce pour quoi je m'étais engagé, d'abord politiquement puis au service de l'État. Cela donne des moments où la fatigue comme l'épuisement, sans s'effacer complètement, cèdent le pas devant l'évidence de sa propre responsabilité et l'exigence de sa propre cohérence.

Chapitre 7

AVANCER, MALGRÉ TOUT

L'état de crise crée une forme d'addiction. Il délivre une puissante adrénaline.

Lorsque j'ai décidé de quitter mes fonctions, et même si ce sont des choses que l'on ne crie pas haut et fort, j'avais peur de souffrir d'une forme de manque.

Peur de perdre le négatif, au sens photographique du terme, de ce qui me pesait un peu plus chaque jour : les centaines de SMS et d'e-mails, les décisions petites ou grandes à prendre en flux continu, l'exposition médiatique aussi, les attributs d'un poste à responsabilité avec des équipes qui sont là pour vous faciliter la vie… Être au centre du jeu aussi, en étant en mesure de prendre un air entendu quand les gens s'interrogent sur ce que les autorités publiques envisagent dans cette période. Au fond, depuis bientôt dix ans, j'avais enchaîné des postes qui me donnaient la possibilité d'avoir un regard large sur les thématiques du moment.

Je partais et j'avais peur du vide. Je partais et j'avais peur de ma propre capacité à vivre le sevrage.

La satisfaction du délestage aura pourtant été immédiate, à deux niveaux. D'abord, très concrètement, tous les jours, dans une vie qui retrouvait le rythme du quotidien, les rituels familiaux et amicaux, qui n'était plus en permanence percutée par l'extérieur, par la crise. Ensuite, avec un peu plus de recul, car je me suis aperçu que je n'avais pas totalement basculé, que je n'étais pas drogué au point de ne pouvoir me passer de ces décharges régulières d'intensité.

La seule chose qui me manque, violemment pour le coup, ce sont les gens. Celles et ceux avec lesquels j'ai vécu cette aventure, qui ont accepté de me suivre, parfois même de s'abandonner à mes intuitions alors qu'ils ne les partageaient pas. Et je me suis dit que c'est cela qui resterait, au fond. C'est cela que, plus qu'à aucun autre moment de ma vie, pas seulement professionnelle, j'ai ressenti : le bonheur de faire corps, d'avoir la force d'entraîner et donc d'être soutenu par des personnes que l'on admire.

La crise n'est pas que souffrance, abnégation, don de soi. Elle est cela. Mais elle est aussi plaisir, excitation, apprentissage, découverte. C'est une sorte de terre noire et lourde faite de tout cela, pleine de ces contradictions : la douleur et l'épanouissement, la peur et l'énergie, la solitude et la fraternité.

C'est pour cela que je souhaite finir ainsi. Par ce sujet de l'aventure collective, de ce qu'elle suppose et de ce qu'elle impose. Une forme d'ascension, de chemin ardu, fait de risques et d'opportunités, d'intuitions et de révélations aussi, en particulier celles de personnes dont on découvre la force et la tenue de route par temps d'orage.

Je m'autorise encore une fois un détour par les mots. Dans la fonction publique, les serviteurs de l'État sont des « agents ». Il y a certes d'autres collaborateurs du service public, des contractuels à durée déterminée ou désormais en CDI, mais le mot « agent » est toujours celui qui vaut pour les fonctionnaires. Qu'est-ce que cela signifie ? De manière très simple que chacun se situe dans une position légale et réglementaire vis-à-vis de l'État, son employeur, avec lequel il n'est pas lié par un contrat mais par un acte unilatéral de la puissance publique qui le nomme, le promeut, le sanctionne, le mute… C'est la grandeur et la force de la fonction publique. Ce côté presque brutal de la coexistence entre des individus et l'État détenteur du monopole légal de la violence légitime.

Cette vision n'est évidemment pas statique. Les fonctionnaires ne sont pas des soldats silencieux. Pour autant, dans ce mot « agent », il y a une forme d'anonymisation et d'instrumentalisation des individus. Cela n'est pas péjoratif. Chacun est un des rouages de la mise en œuvre d'une politique publique et en contrepartie est protégé par l'État, y compris s'il commet des fautes dans le cadre de son service, car, justement, il n'est qu'un « agent » de quelque chose de plus grand que lui.

Même si des milliers de pages et des centaines de colloques ont exploré la question, je voudrais y revenir.

Les serviteurs de l'État, des établissements publics ou des collectivités qui ont été au front, en agrégeant autour d'eux de multiples acteurs, ne sont pas une masse uniforme et anonyme. De la même manière que des conséquences de cette période se feront sentir à long terme, il faut prendre la mesure de ce que signifie être agent public dans une période où les coups de grisou s'enchaînent. La loyauté, le respect du principe hiérarchique et, dans le meilleur des cas, le sens et l'adrénaline ne peuvent suffire à faire tenir les collaborateurs du service public.

Alors que le mot « crise » était synonyme pendant longtemps de « mobilisation générale », de « mêlée », de « tous sur le pont, jour et nuit », d'« héroïsme » même, alors que cet état exceptionnel pouvait justifier de ne compter ni ses heures ni son énergie, le sens de la mission s'imposant d'évidence, la crise du Covid démontre, et d'autres le montreront encore, que les moments comme ceux-ci imposent au contraire une attention encore plus forte au management. C'est pour moi le corollaire, le symétrique de l'exigence évoquée plus haut pour la société tout entière : il faut apprendre à piloter les hommes et les femmes qui font l'État dans l'incertitude. Il en résulte quelques principes, qui ont beaucoup à voir avec ceux évoqués d'un point de vue plus global mais qui nécessitent cependant d'affiner l'analyse.

Au printemps 2018, dans le cadre de la préparation du plan « Ma santé 2022 », Agnès Buzyn, alors ministre de la Santé, m'avait confié la mission d'animer un travail et de lui remettre un rapport sur les ressources humaines à l'hôpital[1].

Parmi un certain nombre de constats et de propositions, j'en étais arrivé à une conclusion, qui peut paraître banale, que je pensais d'ailleurs plus sensible à l'hôpital que dans le reste de la fonction publique, celle qui consiste à reconnaître dans le management une compétence réelle.

J'écrivais ceci dans le rapport final :

> À l'hôpital, le patron, le professeur, le médecin, disposent d'une légitimité professionnelle traditionnellement si forte que le mode d'exercice de l'autorité est à bien des égards un des plus traditionnels de la fonction publique et du monde du travail en général. Leur légitimité, qui fonde l'autorité, est évidemment liée au fait que les médecins – comme les directeurs pour ce qui concerne la gestion – disposent de compétences très développées qui ont été sanctionnées par des études et un processus de sélection redoutables. Conséquence, peu d'univers professionnels aujourd'hui accordent une telle importance aux connaissances pour justifier l'exercice de la responsabilité.
> *A contrario*, dans ce même univers, la notion de management paraît peu valorisée ou à tout le moins mal identifiée en tant que telle, comme si la capacité managériale était un accessoire de la compétence technique et scientifique. Tout montre cependant qu'il est impératif de développer la compétence managériale à

1. *Transformer les conditions d'exercice des métiers dans la communauté hospitalière*, rapport final remis à la ministre des Solidarités et de la Santé, mai 2018.

l'hôpital. Les différentes étapes de cette consultation ont mis en évidence la perception d'un management uniquement orienté *top down*, la perception de décisions prises mais pas expliquées et donc pas comprises, la perception que l'avis des professionnels de terrain n'est pas entendu.

[...]

On mesure que la réalité du management à l'hôpital est plus contrastée. Le changement en la matière est désormais urgent. Il s'agit d'abord de donner aux différents responsables médicaux et non médicaux les outils et la culture du management. Cela nécessite du travail, du temps, une évolution culturelle et des moyens.

Au-delà, il faut aussi investir massivement sur l'encadrement intermédiaire car dans les structures en transformation, c'est lui qui constitue le pivot de l'accompagnement, lui qui peut mener, au lieu d'une transformation subie, une transformation accompagnée. Or, force est de constater que cet échelon reste à renforcer à l'hôpital car il n'est pas mis en situation de jouer son rôle de remontée des propositions et d'explication des mesures prises par la hiérarchie, pas plus qu'il ne dispose de marges de manœuvre sans lesquelles le management est une coquille vide. Une première urgence est de donner aux cadres de santé les moyens de s'emparer effectivement de cette fonction, essentielle, de manager de proximité. La plupart des cadres sont aujourd'hui beaucoup trop focalisés sur la tenue et l'élaboration des tableaux de service.

[...]

Plus généralement, il semble impératif de légitimer à l'hôpital l'exercice managérial et de reconnaître la nécessité d'acquérir des compétences nécessaires pour bien l'exercer. Ce constat vaut pour tous les professionnels encadrants, qu'ils soient soignants, médicaux, techniques ou administratifs.

[...]

La capacité des différents responsables à chaque niveau, direction, pôle, service, à susciter une vision partagée, à fédérer les équipes autour d'objectifs communs, à organiser au quotidien leurs activités au travers de processus clairs et fluides, à encourager les initiatives et à valoriser les résultats est primordiale. Elle a pour préalable l'affirmation d'un cadre de gouvernance clair et responsabilisant.

Elle met en jeu des compétences managériales dont la prise en compte est indispensable pour l'accès à toute fonction d'encadrement, y compris médicale. Ces compétences doivent s'acquérir dans le cadre de formations et d'apprentissages spécifiques car elles ne sont pas innées.

Or, aujourd'hui, on recense un ensemble de difficultés qui s'oppose à la diffusion et la valorisation au sein des établissements d'une culture managériale partagée. Les dispositifs de formation prennent en compte de manière très inégale ce besoin de culture managériale. La formation des directeurs en fait dorénavant une composante essentielle mais a mis longtemps l'accent sur une formation plus gestionnaire que managériale. Elle n'est pas au cœur de la formation des cadres de santé et n'est pas enseignée au cours des études médicales. Des dispositifs de formation au management ont été déployés par l'EHESP ou par certains établissements en faveur des présidents de CME [commission médicale d'établissement], des chefs de pôle et chefs de service, mais leur financement est à la charge des établissements et ces formations sont facultatives.

[...]

> En conclusion, le management et, pour les postes à plus haute responsabilité, le leadership sont des compétences à fortement renforcer. Les professionnels de santé sur le terrain le disent et attendent des pratiques managériales moins dans la verticalité que dans l'accompagnement, le soutien et la transparence des processus de décision. On peut former des bons médecins, des bons gestionnaires, on peut aussi former les managers.

D'une certaine façon, j'ai le sentiment que la crise confirme ces éléments et impose une prise de conscience encore plus large, beaucoup plus large. Il est presque dommage que l'on ne trouve pas un autre terme que celui de « management ». Il est au fond connoté, comme s'il suffisait d'un tour de main, ou de recettes permettant de franchir toutes les difficultés. Comme si les enjeux financiers, ceux de plafond d'emploi, pouvaient s'effacer face à l'efficacité d'un exercice managérial qui permettrait que le tout soit supérieur à la somme des parties. Je ne partage pas cette vision irénique, mais en revanche je suis convaincu qu'à force de dire que cela ne règle pas tout, on en finit par sous-estimer l'importance de mener cet exercice, de prendre du temps pour cela et lorsque l'on exerce une responsabilité, à quelque niveau que ce soit, de prendre du temps pour se former à cela.

Le management, si je devais m'aventurer à une définition, je dirais que c'est la capacité à faire le lien entre les objectifs globaux et la vie quotidienne, et le seul véhicule qui permette de conduire cet exercice est celui qui consiste à partager un sens, à construire un sens collectif. Ce ne sont que des mots. Ce ne sont souvent que des formules en effet, mais la crise, d'une façon paradoxale – car on a tendance à considérer que justement, en période de guerre, on n'a plus le temps de recourir à ces compétences molles, à ces théories de consultant –, met en lumière de façon impérieuse la nécessité de donner sa place et sa légitimité à cette compétence… et aussi, à l'hôpital comme ailleurs, de la reconnaître à sa juste valeur.

Il s'agit maintenant, une nouvelle fois, de rappeler l'enjeu, alternant entre le « techno » et le sensible. Si je me lance dans ces lignes, c'est parce que je considère que cette question est beaucoup plus structurante qu'on ne le pense parfois. Nos concitoyens, comme nos autorités politiques, estiment souvent que l'administration, malgré son engagement et les qualités individuelles des agents, est un frein. Elle échoue, ou à tout le moins abîme les intuitions initiales, elle ne déploie pas assez vite, pas assez loin – jusqu'au fameux « dernier kilomètre » –, les politiques qui ont été décidées par les autorités politiques légitimes. On y voit parfois de l'incompétence, souvent de la difficulté à accepter le changement, plus rarement une forme de résistance passive de je ne sais quel « État profond ». Ici aussi, de ce fait, le technocratique et le démocratique sont beaucoup moins éloignés qu'on ne le croit, et ce n'est au fond pas pour rien que dans sa célèbre jurisprudence Jamart du 7 février 1936, le Conseil d'État avait qualifié le ministre de « chef de service ». Oui, la conception d'une politique publique est l'exercice majeur, mais le travail sur ses conditions d'exécution ne doit pas être considéré comme secondaire, au risque de mettre en scène une forme d'impuissance de l'État.

Traverser la peur

La crise évidemment, mais également toute évolution profonde de sa façon de travailler, des objectifs qui vous sont assignés, créent de la peur. Cette peur, il faut la nommer pour pouvoir la traverser… « Traverser la peur. » J'ai découvert cette expression dans une discussion avec Marc Mellinger, précieux *sparring partner*, face à quelques-unes des questions que je me posais au moment de prendre mes fonctions à l'ARS.

Cela partait d'un constat, celui de la solitude dans laquelle on se trouve, quand on exerce des responsabilités dans certains moments critiques, et le sentiment corollaire, que l'on ne peut partager cela avec personne, que même vos plus proches collaborateurs n'ont pas compris. C'est votre travail de les protéger de la pression ou de la peur, mais vous aimeriez parfois qu'ils vous disent : « Je sais ce que tu traverses, je sais que la nature de la pression qui pèse sur toi n'est pas simplement d'une intensité, mais bien d'une nature différente. » Car, saisi par la peur, le besoin est immense de s'accrocher à une autre main. Dans un échange, qui précédait 2020, Marc avait eu ce mot : « Il faut traverser la peur et jouer avec les rebonds. » Parfois, des mots simples, qui peuvent même paraître banals, éclairent une situation et vous accordent un peu de légèreté. Cette crise m'a donné mille fois l'occasion d'avoir peur. Pas une peur désincarnée, pas la peur d'être mal vu ou simplement de dire une bêtise, non, une peur qui part du corps, celle de ne pas être suffisamment à la hauteur du moment pour tenir sa place et contribuer à maîtriser une situation qui peut devenir hors de contrôle. Il ne s'agit pas de dire que, comme les soignants, j'avais le sentiment d'avoir des vies entre les mains, mais je savais que certaines décisions, la mobilisation de nos équipes, à la fin du jour, se traduiraient en nombre de lits ouverts, de patients pris en charge ou de personnes vaccinées et donc protégées. Cette peur, votre responsabilité de patron c'est de la garder en vous. Mais parfois, il y a une forme d'impossibilité quasi physiologique à accumuler et vous finissez par être saisi et, tout d'un coup, vous n'avancez plus. Traverser la peur. Cette expression m'a rassuré. La peur est légitime. Ne pas avoir peur serait un signe de mégalomanie ou de déni, mais en même temps le mouvement doit rester la règle. Énoncer les incertitudes ne doit pas glacer, ne doit pas figer ; comme pour la société dans son ensemble il faut continuer à avancer en sachant que des rebonds viendront, même si l'on ne sait pas d'où…

Manager dans l'incertitude

Le service public doit, c'est un impératif et d'ailleurs une part de sa définition, être en permanence en mesure de s'adapter afin de s'améliorer.

Parce qu'il est un outil au service de la société qui, elle-même, évolue en permanence, le service public doit être capable de se transformer pour transformer.

Cette règle générale est assez simple à énoncer. Elle l'est presque trop. Car le service public n'est pas une entité juridique froide ou qui ne se réchaufferait que lors des débats sur son périmètre et son efficacité. Le service public, ce sont des femmes et des hommes qui l'exercent, en particulier dans les périodes de crise. C'est une notion faite de chair et d'os. Et au fond, quitte à rompre avec la logique qui voudrait que l'on parte du général pour aller au particulier, je vais tenter de remonter à contre-courant, partir des femmes et des hommes, de l'expérience encore plus spécifique qui a été la mienne, pour examiner si certains des enseignements tirés humainement de cet épisode nous éclairent, voire nous aident à construire une autre grille de lecture de l'État. Cela ne signifie pas que je pense que notre expérience collective aurait tout à coup valeur de règle universelle, mais après avoir traversé dans différentes structures publiques plusieurs événements majeurs, certains échos me semblent désormais audibles.

Ce qui, un jour, m'a aidé à comprendre mon rôle de responsable administratif, c'est de choisir le mot, une fois encore de nommer la réalité dont il s'agit, pour en approcher l'essence.

Si la mission d'un chef est de transformer, alors il est un transformateur.

Un dictionnaire nous dit assez vite ce que signifie le substantif « transformateur » : « Appareil statique à induction électromagnétique, à deux enroulements ou plus, destiné à transformer un système de tensions et courants alternatifs en un autre système de tensions et courants, de même fréquence mais généralement de valeurs différentes, dans le but de transmettre une énergie électrique. (Abréviation familière : transfo.) »

On peut, soit pousser un grognement de déception, soit, en prenant le temps d'une lecture attentive, s'apercevoir que cela est exactement la bonne définition.

J'ai fini par aimer cette métaphore. C'est comme cela que j'ai compris ma mission.

À chaque étage de la fusée, un responsable reçoit des commandes ; elles peuvent être formulées très différemment, souvent sereinement, parfois vivement, violemment même. La crise fait souvent basculer l'exception que sont en temps normal les deux dernières catégories vers la norme. Elle raccourcit aussi les chaînes de commandement. Au quotidien, les plus hautes autorités, en France comme dans tous les pays du monde, sont amenées à suivre en temps réel l'évolution de la situation. Les commandes pleuvent, parfois de façon expédiente, c'est au fond assez compréhensible. Le seul moyen de tenir pour une organisation chargée d'assurer le dernier kilomètre de ces décisions, c'est que celui qui reçoit les ordres les transmette à un voltage qui soit appropriable par les équipes, compréhensible, audible. Il s'agit souvent de transformer un influx politique général et urgent en une commande, avec des échéances, et de l'ambition, mais qui déclenche de l'action publique. Si le transformateur n'agit pas, le circuit se coupe. Si tout est urgent, plus rien ne l'est, si tout est mal fait, à quoi bon continuer, si l'impossible vous est demandé plusieurs fois par jour, il y a peu de chances que la machine tienne. Il faut donc trouver en soi la capacité de métaboliser la pression et de sortir un « autre système de tensions et courants » qui permette d'atteindre l'objectif mais avec une valeur qui ne fasse pas court-circuit.

C'est un exercice difficile et solitaire souvent. Et l'on ne peut pas échapper à des moments où on formule les choses en n'ayant pas joué pleinement son rôle de transformateur, en étant trop exigeant ou brutal. La conséquence est directe, quelque part quelqu'un ne supporte pas cet impact et ce n'est pas lui qui a failli, c'est vous, en tant que manager, qui lui avez fait supporter un niveau de tension qu'il ne pouvait absorber et qui, au final, ne permettra pas d'atteindre la cible.

Au fond, cela signifie qu'en permanence, il faut veiller à ne pas confondre mission et organisation. Une structure comme l'ARS a depuis le début de la crise une mission qui, en quelque sorte, la dépasse, la transcende. Son projet pourrait être résumé dans l'obligation de garantir la prise en charge de l'épidémie. Comme si la mission rendait l'organisation (un établissement public, avec des instances de dialogue social, une gouvernance, des enjeux quotidiens…) secondaire. Je pense au contraire que ces moments imposent de construire le projet collectif et spécifique de chacune des structures, pour d'une certaine manière construire un amortisseur entre la violence d'une épidémie qui aura tué plus de

150 000 personnes en France et le travail quotidien de chacun de ceux qui contribuent à la gérer. Il y a des logiques propres aux organisations, elles peuvent parfois paraître risibles ou à tout le moins secondaires, mais elles sont des échappements indispensables à la robustesse du système.

Fragilité

Je pense comme je l'ai évoqué plus haut qu'il faut dire aussi la fragilité des gens, la sienne propre d'abord, ce qui n'est pas évident, mais aussi celle de la communauté humaine qui se forme et qui est une addition d'intimités. Dire sa fragilité, ce n'est pas se lancer dans un exercice malsain de mise à nu qui serait au mieux pathétique et au pire indécent, c'est plutôt convaincre que, par moments, dire sa propre faiblesse est un signe de force et peut donner aux autres la force d'accepter de dire qu'ils ont besoin d'aide. Or, dans une période de tension aussi longue, on a forcément, à un moment ou à un autre, « besoin d'aide ».

On se débat souvent en la matière dans un mélange de peur d'être trop impudique et, à l'inverse, de passer à côté d'une part importante de cette « histoire ».

En insistant sur l'incertitude et le doute qui doivent irriguer tant le dialogue démocratique sur la crise que l'exercice du pilotage des équipes chargées de la gérer, sans doute n'ai-je pas assez souligné la fragilité de cet engagement humain.

Beaucoup de ceux qui, où que ce soit, ont eu à gérer ces événements, ont pu parfois « craquer ». Je n'aime pas cette expression. Il y a comme une faiblesse ou une anormalité dans ce mot. Celui qui craque, c'est celui qui est fragile, celui qui ne tient pas le choc, celui qui, à un moment, ne serait plus à la hauteur de la situation. C'est tellement faux. La force, c'est de savoir s'arrêter avant de craquer. Avant de n'en plus pouvoir. Les événements que chacun a eus à gérer étaient intenables. L'intensité des attaques devenait à la limite accessoire. Le vrai sujet c'était la violence des faits. La mort. L'épuisement. La volonté de tout faire pour aider les soignants.

À de très nombreuses reprises, je me suis dit que je n'allais pas tenir moi-même, tant l'exercice est rude, comme je me demandais comment les équipes du ministère, le ministre lui-même ou toutes les autorités pouvaient tenir. Et parfois, le coup de boutoir qui déstabilise le plus n'est pas celui que l'on imaginait. De ce point de vue, alors que je pensais m'être blindé en ce domaine, les réseaux sociaux vous touchent parfois au plexus, juste sous la cuirasse.

« Ça fait quoi d'être une merde ? »

J'avoue que ce jour-là, je l'ai pris comme un coup au plexus. Pourquoi cette fois-ci plutôt qu'une autre ? Je ne le sais pas. Par principe, je ne regardais pas les réactions à mes tweets. Mais celle-ci ne m'a pas échappé. Elle était ridicule de médiocrité mais sur le coup la violence, justement gratuite, de ces quelques mots m'avait abattu. Sans doute parce que dans cette situation il m'est impossible de comprendre, d'imaginer la personne ayant écrit cela. Quels sont les motifs, qu'est-ce qui peut pousser quelqu'un à écrire cela à un inconnu, qui, personnellement, ne vous a jamais blessé ou attaqué ? Impossible d'imaginer le moment, le lieu, le visage même de celui qui décide d'envoyer cette saillie. Je crois que c'est cette absolue incompréhension qui, ce jour-là, m'avait fait craquer quelques minutes. Aujourd'hui, nous en rions. C'est devenu un symbole de l'absurdité de certaines de ces heures. Mais parfois l'absurde est rude, l'insaisissable, l'incompréhensible deviennent un gouffre.

Il y en a eu beaucoup d'autres. Certains me donnant paradoxalement de la force. Après l'assassinat de Samuel Paty, j'avais décidé de mettre sur mon « profil » la mention de mon premier métier : professeur d'histoire. Je l'ai fait sans vraiment réfléchir, c'était un acte de solidarité, un signe fraternel à ce collègue odieusement tué. Je voulais dire que, pour moi, ce n'était pas si loin. C'était avant les caricatures, mais je me rappelais bien mes tergiversations, mes hésitations, mes doutes pour préparer certains cours, sur les religions par exemple.

Je n'avais pas anticipé le déchaînement. Une espèce de torrent de boue fétide s'abattait sur celui qui gérait la santé en Île-de-France. Ce fat prétendait savoir gérer une crise alors qu'il n'était qu'un ancien prof ? Je ne sais pas de quels motifs profonds ce déversement était le nom, mais cette fois-ci, je le pris plutôt bien. L'histoire est ma passion, elle a été mon métier, mais, dans un pays comme le nôtre, par le biais du travail, des concours parfois, on peut changer – pas pour renier mais pour approfondir son engagement ou le vivre différemment. Pour moi, il n'y a jamais eu de trahison ou de mise à distance de cette vie professionnelle d'avant et ce que j'ai appris ensuite à l'ENA ou au Conseil d'État, et cette critique me paraissait tellement ridicule, nourrie d'un univers où chacun serait assigné à vie à un métier ou à un milieu, que cela m'avait rendu joyeux.

Ce que j'entends souligner, au-delà évidemment de ces anecdotes, c'est que malgré les soubresauts et les secousses personnels, qui vous touchent comme chacun, vous ne pouvez à aucun moment abandonner cette fonction de transformateur, ou vous laisser aller à un quelconque tempérament plaintif. L'interrogation sur l'ordre des priorités et la meilleure manière de passer une commande devient une part importante de votre quotidien. Mais ce questionnement est pourtant essentiel, c'est selon moi la première fonction du responsable en temps de crise. Plus globalement, c'est toute une partie de l'exercice managérial que ces situations font évoluer, et une bonne part de ces secousses me semblent pouvoir être projetées dans un fonctionnement normal. Au fil des semaines et des mois, certaines exigences me sont apparues décisives.

Dire

Il faut parler. C'est une évidence et, là encore, l'écho me paraît puissant avec l'exercice démocratique global qui est engagé en temps de crise.

Piloter des équipes dans la tempête ne peut pas reposer, je l'ai dit, sur le seul ressort de l'adrénaline collective, du sacrifice ou de l'héroïsme du combattant... Ce vocabulaire recoupe, bien sûr, une part de la réalité. Oui, il y a eu infiniment de sacrifices ou d'héroïsme depuis début 2020, dans tous les pans de la société. Mais ces leviers ne peuvent suffire. C'est en tout cas impossible dans une crise aussi longue, justement parce que l'on n'est pas en guerre. Et de ce point de vue-là, tout responsable politique ou administratif doit savoir parler, tracer des perspectives, rétribuer, pas simplement symboliquement, l'engagement des collaborateurs. L'adrénaline est porteuse de force et d'imagination, mais compter uniquement sur cela, c'est se condamner à une usure rapide et faire de ceux avec qui l'on travaille la variable d'ajustement. Or l'État n'est pas organisé ainsi en temps de paix. Il n'y avait pas de relève à attendre, comme dans les armées qui ont, quant à elles, l'habitude de l'intégrer dans leurs plans stratégiques. Les infirmiers de Bichat ou de l'hôpital de Melun ont pu être soutenus mais ils n'ont jamais été relevés pour aller souffler à l'arrière, les agents de l'ARS ont bénéficié de renforts, mais ceux-ci ont à peine suffi à faire face aux dizaines d'agents malades qui ont dû être remplacés pour quelques jours ou quelques semaines.

Quand la crise arrive, on doit garder les pieds sur terre et savoir que notre première mission, c'est celle de garder les équipes en état de faire face. Cela signifie parler de leur avenir, ne pas hésiter à évoquer l'après, même quand il est encore illisible, accompagner. En un mot, il faut accepter de prendre le temps du management.

Mais il ne s'agit pas de nommer la situation et ses périls uniquement pour se soulager d'un poids ; il faut immédiatement dire ce que l'on sait et ce que l'on ne sait pas.

L'échelle de temps importe peu. L'idée n'est pas de parvenir à dessiner un horizon de moyen voire de long terme, il s'agit déjà de formuler ce qui, pensons-nous, devrait se dérouler dans la journée à venir.

Les collaborateurs chargés de gérer une crise doivent avoir les quelques heures, ou même minutes d'avance sur les événements ou sur l'information pour se sentir dans une forme, même très limitée, de maîtrise.

Ainsi, quand je pensais être suffisamment assuré d'annonces à venir, fussent-elles pour nous des coups de pression complémentaires ou des défis inatteignables, je tentais de le partager avec les responsables de chacune des cellules mises en place pour piloter les différents secteurs, afin de leur donner la capacité à leur tour de rassurer leurs propres équipes. Nous ne subissons pas totalement, puisqu'au moins on sait ce qui va nous être demandé.

L'exercice peut paraître évident ou anodin, il ne l'est pas. D'abord, parce qu'il faut s'y astreindre. Dans nos cultures, la différence entre les chefs et les autres se joue plus sur la maîtrise de l'information que sur la compétence technique. Partager l'information, à cette échelle aussi, c'est partager une forme de pouvoir. Par ailleurs, et c'est là l'essentiel, tous les moments où l'on se retrouve avec les cadres sont l'occasion de questions qui peuvent fuser, légitimement, car l'information délivrée est insuffisante ou l'ordre contestable. Il faut donc assumer une forme d'information parfois assez verticale : « Je vous dis ce que je sais et ce que l'on va devoir faire ; à ce stade, je ne sollicite pas votre avis. Commencez à réfléchir et nous verrons, quand l'information sera confirmée, comment nous construisons la manœuvre. »

Cela suppose d'assumer, alors même qu'une part essentielle du management de crise repose sur ce sentiment d'être un groupe uni, embarqué « dans la même galère », une forme de froideur hiérarchique. Cela suppose de ritualiser ces points d'information et donc de bousculer s'il le faut ce qui était prévu : garder ses troupes à bord suppose qu'elles sachent qu'elles sont sur la passerelle et qu'un changement de cap substantiel décidé par l'amirauté, et que le commandant du navire connaît, ne leur sera pas donné à la dernière minute. Jamais, jamais il n'y eut de fuites. Alors que dans les « briefs » rituels deux fois par semaine à une quarantaine de personnes, alors que dans les réunions convoquées en urgence après un point avec les équipes du ministère il pouvait y avoir aussi une dizaine de personnes, jamais aucune information n'est sortie de ce cercle restreint. La confiance se conforte évidemment dans le sentiment que l'on est partie prenante et non uniquement spectateur.

Cela suppose d'accepter aussi d'être démenti, car, finalement, une orientation change. Encore un point accessoire en apparence qui ne l'est pas selon moi. Le plus souvent, on se tait car on n'est pas sûr, mais il faut pourtant prendre le risque de dire, fût-ce ensuite pour modifier la première orientation.

Cela suppose également, et je pense que l'on sous-estime cette dimension, d'accepter de remettre en cause régulièrement les organigrammes et les organisations. D'ailleurs, lorsqu'une commission rogatoire nous a demandé en fin de première vague la communication de l'organigramme de l'agence, nous étions bien en peine de fournir un seul document, avant que nous comprenions que c'était celui d'avant la tornade qui nous était demandé, sinon nous aurions dû en transmettre une dizaine. La crise fait qu'un sujet qui n'était pas prioritaire hier le devient le lendemain. Je me souviens du moment où nous avons dû créer une « cellule » dédiée à la gestion des questions mortuaires – autant dire que cette mission n'était pas d'un attrait immédiat –, ou de celui où nous avons dû faire des allocations de doses de médicaments de réanimation. Chaque fois, cela supposait du dialogue, des échanges avec les collaborateurs pour identifier la bonne personne, pour vérifier qu'il ou elle ne soit pas proche de la rupture, bref, là encore, une activité managériale classique mais au fond concentrée dans l'urgence et sous la pression. Pendant la première vague, il y avait au siège de l'agence et dans les délégations départementales 300 collaborateurs présents physiquement. Ils ont quasiment tout fait, accepté de changer de responsabilités, d'apprendre un métier en quelques heures, de travailler avec des collègues qu'ils n'avaient fait que croiser, de se confronter à des questions inédites. Il y a peut-être quelque chose de ridicule à le dire, mais cet engagement était poignant.

La crise a un effet mécanique, presque naturel, qui consiste, au milieu de mille inconnues, à reproduire ce que l'on connaît. Et ce que l'on connaît le mieux, ce sont des formes d'organisation traditionnelles, c'est le périmètre sur lequel on est compétent (à la fois au sens juridique et au sens professionnel), en un mot on préfère évoluer dans son périmètre. Il n'y a là aucune forme de condescendance car il s'agit, au fond, d'un comportement rationnel. Or, et on l'a vu plus haut sur les enjeux de santé publique notamment, une situation exceptionnelle impose de l'invention.

Je crois pour autant que la capacité à inventer ne se décrète pas. Elle suppose au moins trois conditions décisives.

D'abord, elle suppose de lutter pied à pied contre les effets de périmètre mais elle nécessite aussi d'être prêt, disponible, ouvert, pour accueillir des initiatives qui ne procèdent pas de votre propre organisation, alors même qu'elles pourraient en relever en tout ou partie.

C'est un équilibre complexe. Il faut exercer pleinement ses prérogatives et, en même temps, garder une capacité à accepter une altérité de méthodes, de savoir-faire, de points de vue. C'est vrai entre acteurs publics, c'est vrai avec des acteurs privés ou de la société civile. Quelquefois, nous avons dû décider d'arrêter un projet car en fait, sans qu'on le sache nécessairement, une autre entité publique, voire un opérateur privé, y travaillaient déjà en étant plus avancés que nous. Ce sont des choix rudes. On appelle d'ailleurs cela « débrancher », cela veut tout dire. La crise impose de ne pas perdre d'énergie dans l'allocation de ressources rares, il faut donc avoir la force de se dire que notre idée est moins pertinente ou moins mûre qu'une autre. De même qu'il faut avoir la force de pousser à son terme ses convictions lorsque l'on pense être en mesure de répondre à un défi mieux ou plus vite que d'autres. Dans le champ des systèmes d'information, ce débat s'est posé à plusieurs reprises pour chacun des acteurs et il reste aujourd'hui particulièrement sensible.

La deuxième condition me paraît dès lors fort simple à énoncer : il faut accepter l'échec. Ce n'est pas une phrase en l'air. Il faut accepter qu'une idée n'aille pas au bout, qu'une manœuvre bute sur des difficultés imprévues, que le diagnostic initial ait été biaisé ou que les obstacles aient été sous-estimés. Les collaborateurs, et leur hiérarchie, doivent savoir que l'échec est le corollaire de la prise de risque. Personne n'aime se tromper, mais au-delà du fait de se dire que l'on sera mal vu, ou catalogué, il y a quelque chose de plus personnel, de moins réductible aux seules relations hiérarchiques, se dire que l'on est sans doute, à un moment donné, parce qu'on est au cœur de sa compétence, le mieux placé pour essayer quelque chose. De ce point de vue-là, le travail effectué par les directeurs des délégations départementales de l'agence a été impressionnant. Je ne pensais pas en début de deuxième vague que l'on pourrait créer une dynamique de dialogue entre les hôpitaux et les médecins de ville sur la prise en charge à domicile des malades et le repérage de certains symptômes de façon précoce. Je ne le croyais pas possible jusqu'au jour où, avec les équipes d'infectiologie et de réanimation de l'hôpital de Pontoise et le conseil départemental de l'Ordre des médecins, j'ai été invité à ouvrir une conférence en « Zoom », qui a duré plusieurs heures pour anticiper une éventuelle deuxième vague et mettre en place des protocoles partagés pour cadrer les liens ville-hôpital. Cela aurait pu ne pas fonctionner. Quelques dizaines de médecins de ville auraient pu se connecter, ils étaient au final près de 1 000… L'échec était pourtant une option, tant ce format était inédit.

Enfin, il me semble important de souligner que le rôle de tout manager public dans ces périodes est de penser en permanence au sevrage. J'utilise à dessein ce mot, car, j'ai commencé par-là, la crise procure du plaisir, des émotions, de l'épuisement et de la colère, mais le bloc d'affects produit par ces sentiments est addictif. Et l'on peut simultanément dire que l'on n'en peut plus, que l'on va jeter l'éponge et être dans le besoin de garder ce « mode crise », avec des lignes courtes, des ordres nets, des nouveautés régulières. C'est évidemment un enchevêtrement de sentiments paradoxaux et souvent inconscients, mais le but d'une organisation dans ces périodes est bien d'en sortir. Il est indispensable, sur le plan individuel comme collectif, d'arriver à garder une capacité de projection dans le monde d'après, dans un rythme de croisière qui aura été nourri par l'expérience. Il faut tenter, au jour le jour, de dire ce qui marche, de mettre de côté les bonnes idées, pour permettre à chacun, même s'il n'en exprime pas le désir explicite, de se projeter vers la suite. L'épuisement risque sinon de gagner, les effets de ce qui n'aurait dû être qu'exceptionnel, comme d'une substance toxique, finissent par être ravageurs pour le corps social et pour chacun. Le monde d'après doit toujours commencer par fixer le futur des femmes et des hommes, avant de parler de celui des systèmes et des organisations.

Entre « la crise » et « le neuf », il n'existe pas un chemin parsemé de roses, tout cela s'organise, se pilote. Là non plus, on aura beau chercher, il ne serait pas prudent d'attendre que la main invisible se charge de tout ajuster… En essayant d'être lucide sur ses forces et ses faiblesses, en sachant qu'il doit lui-même évoluer, je crois, profondément, que l'État devra être le garant de cette orchestration nouvelle qui suppose à la fois une conviction politique très forte et une attention à la spécificité de tous les acteurs et de tous les territoires. Si l'État ne prend pas sa place en la matière, le risque d'un angle mort de l'action publique est trop fort. Sur aucun sujet on n'a autant besoin de coalitions et autant besoin simultanément d'institutions étatiques garantes en dernier ressort de cette mobilisation collective.

Ce qui me frappe, pour conclure ce chapitre, c'est à quel point ces convictions profondes à l'échelle d'une organisation humaine comme une administration de l'État sont les mêmes, formulées différemment, que celles évoquées plus haut sur l'exercice démocratique de transparence dans lequel nous devons prendre le risque de nous engager. C'est vrai pour la crise sanitaire, cela l'est aussi face aux séismes de la guerre qui revient au cœur de l'Europe. Il n'y a pas de différence de nature entre ce pari à l'échelle d'un collectif restreint d'individus et à l'échelle d'une nation. Cette convergence est finalement un acquis immense. Il faut plus que tout le préserver et le faire grandir.

Conclusion

FAIRE CONTRAT

Chacun de nous, des milliards d'êtres humains, aura vécu une expérience à la fois historique et intime. Nous avons vu l'histoire se faire sous nos yeux et elle nous a traversés. Elle laissera des séquelles, on le sait, il n'est pas besoin de redire qu'en matière de santé mentale, de suivi de certaines pathologies, de traumatismes de la perte d'êtres chers, l'expérience est en tout point inédite.

Mais entre cette approche globale, historique et holistique, et les sédiments que laissera en chacun de nous la crise quand elle se retirera, se sont déposées aussi de nouvelles couches géologiques qui parlent de la place et du rôle de l'État, des acteurs publics en général mais aussi de la place et du rôle de ceux qui font vivre, qui incarnent, au sens étymologique, cette puissance publique. C'est sur ces différents terrains que ce petit ouvrage a essayé de se placer, car, même au prix de souffrances et d'engagements parfois intenables, cette crise nous a beaucoup appris sur la façon d'exercer l'État dans des périodes de forte turbulence.

Décrypter la boîte noire, mettre à la vue de tous ce qu'aura été le pilotage de cette crise, c'est au fond une exigence majeure face à la défiance, à la suspicion et aux questionnements légitimes de nos concitoyens.

D'abord, comme jamais auparavant, des responsables publics et politiques ont été conduits, jusqu'au plus haut de la hiérarchie, à dire ce qu'ils savaient et, plus rare, ce qu'ils ne savaient pas. Assumer une ignorance, sans en faire l'autre nom d'une impuissance, c'est un pari qui suppose une maturité démocratique très forte.

Le corollaire, indissociable de la succession d'incertitudes, c'est la nécessité de prendre des risques. Le mot est simple à formuler, comme s'il était un synonyme de modernité. Mais prendre des risques, cela suppose deux choses : d'abord que l'on accepte l'échec. Et notre société est globalement rétive à accepter que des responsables, publics notamment, disent qu'une solution imaginée comme pertinente s'est révélée infructueuse. L'erreur est vue comme un échec, avant éventuellement qu'elle ne soit qualifiée – bien rapidement – de faute. Ensuite, que l'on reconnaisse que l'on ne sait pas tout faire et que l'on ne peut sans doute pas agir partout de la même façon. Ici encore, on pourrait considérer cette affirmation comme évidente ou gratuite, mais dans un pays animé comme l'écrivait avec justesse Tocqueville par une telle « passion pour l'égalité », on a vite fait de faire de la différenciation une discrimination, ou de l'appel au secteur privé un renoncement de l'État.

Nous avons dû apprendre à faire tout cela simultanément. Oui apprendre, car tout cela n'était pas nécessairement dans notre « code existentiel » (pour reprendre la formule de Milan Kundera dans *L'Art du roman*, si souvent utilisée dans mes dissertations de khâgne). À la fois faire confiance aux acteurs et assurer le principe d'égalité ; imaginer des solutions nouvelles, mais ne pas faire de la santé de la population la variable d'ajustement des risques que l'on pouvait prendre ; acquérir de nouvelles compétences, les assumer nous-mêmes et, d'autres fois, solliciter des acteurs privés ; accepter de ne pas avoir eu certaines idées fortes et pour autant capitaliser sur leur performance ; forcer des murs que l'on pensait infranchissables en assumant notre responsabilité et notre autorité, en particulier pour s'assurer de la parfaite coopération entre public et privé ; ne pas déployer partout et en même temps les mêmes réponses et pouvoir justifier nos choix ; assurer la transparence sur la situation, sans que celle-ci ne soit l'autre nom d'une déresponsabilisation, comme si l'on ne faisait que subir les événements, ou un outil de culpabilisation dans une crise où les comportements individuels sont à ce point déterminants... Nous avons avancé à chaque instant sur une ligne de crête, en tâtonnant. Mais, dans un monde à ce point instable, naviguer à vue devient aussi une compétence stratégique.

À l'issue de vingt mois en responsabilité face au Covid, mais plus largement à ce stade de mon parcours au service de l'État, s'est fondée une conviction, ancrée pour ma part au plus profond : nous devons, nous avons l'ardente obligation de faire fructifier ce que nous avons inventé collectivement depuis début 2020. Il n'y a pas eu de miracles, pas de génération spontanée, ce sont la confiance et la connaissance préalables des acteurs qui ont permis de transformer des réseaux de connaissances en un écosystème de la réponse collective, mais continuons à faire ce pari de la confiance. Une institution comme l'agence régionale de santé d'Île-de-France ne sera à l'issue de cette période ni tout à fait la même, ni tout à fait une autre mais, au-delà de nous, des administrations de l'État en général, ce livre montre à quel point cette affirmation est vraie pour tous les acteurs qui ont découvert que chacun pouvait sortir de son rôle, à quelques conditions, en inventant des processus, en assurant les remontées d'informations, en adaptant en permanence et en tirant les leçons des échecs en temps réel, en utilisant les données comme des outils puissants de combat contre l'épidémie, etc.

Ce livre a tenté de montrer comment, sur un sujet spécifique, la crise sanitaire, le quotidien a été géré et des pistes de plus long terme ont déjà émergé. Il ne s'agit pas d'en tirer des conclusions toutes faites, des recettes prêtes à l'emploi, mais de se dire qu'interroger la méthode, savoir plus précisément comment se joue la prise de décision, s'interroger sur le caractère suffisamment transparent et donc démocratique de celle-ci, sont aujourd'hui une exigence éthique – le seul moyen de tenir le chemin du progrès, car, pour citer une nouvelle fois Starobinski, « la perfectibilité est la trace empirique de la liberté ». C'est cela l'enjeu au fond.

La liste est longue de ce que nous enseigneront ces années. Mais pour que cet inventaire devienne la feuille de route de l'amélioration globale du système de santé, cela suppose deux préalables : que nous n'abîmions pas la confiance réciproque née, parfois douloureusement, au cours de la dernière année et que nous sachions nous extraire des fausses alternatives et des faux débats. Une société démocratique ne peut sortir plus grande d'une crise de cette ampleur qu'en étant convaincue que la transparence et le partage des réussites comme des échecs sont les conditions de notre capacité collective à faire face. La transparence, cela imposera aussi d'inventer une forme de partage et de délibération citoyenne sur la manière d'assurer la santé de la population, sur la place du soin, sur celle de la prévention, sur la place des enjeux financiers comme sur celle, prégnante, de la démographie des professionnels de santé. Il faut en prendre le risque.

Cela s'appelle sans doute un contrat social.

REMERCIEMENTS

Le mot « remerciements » me gêne. Pourtant, à ce stade de la lecture, il est cohérent et prévisible de le trouver mais il fait courir deux risques. Le premier est que, si je dois évidemment dire ma gratitude à tous ceux qui ont été dans cette aventure à « mes » côtés, cet exercice a un sens nécessairement biaisé. Car tout ne se concentre pas autour des chefs, des responsables, des directeurs ou des généraux. Beaucoup des coalitions ont eu leur dynamique propre, des personnes ont fait leur travail avec talent et persévérance sans que je l'organise directement. Le second est le risque d'oubli : il est immense, consubstantiel même à l'exercice et porteur de durables regrets et de non moins durables rancœurs.

La difficulté principale de l'exercice, c'est qu'il faut s'avancer sur une ligne de crête entre une litanie de noms, n'évoquant rien pour le lecteur, et la présentation un peu plus détaillée du rôle de quelques acteurs clés…

À leur corps défendant, deux personnes ont été les témoins aveugles et ignorants de toute cette aventure et je les remercie de leur présence, car, sans le savoir, ils ont été des catalyseurs. Il s'agit de Christophe Maé et de Clara Lucciani.

Le premier m'a accompagné tout au long de la première vague. Le soir quand je prenais la voiture pour rentrer chez moi, les conducteurs de l'agence étant mobilisés pour distribuer des masques ou du gel, je branchais immédiatement mon téléphone pour écouter, en mettant le volume au maximum, « Les gens ». Ce trajet jusqu'à mon domicile en cette période de strict confinement était rapide. Suffisant cependant pour écouter cinq ou six fois cette chanson et pleurer. Pleurer longuement. Parfois à ne plus bien voir la route.

La deuxième, c'est Clara Lucciani. Pour le coup, sa chanson « Le reste » a accompagné la troisième vague et, elle aussi, a été le déversoir de mes peurs, de mes pleurs et de mes angoisses, et ma famille a appris à aimer tout l'album ! Elle m'a accompagné, là encore sans en rien savoir, dans le sevrage de mes fonctions et l'écouter me plonge dans une nostalgie douce et violente de l'aventure collective vécue.

Face à la difficulté de l'exercice, une fois cités mes amis imaginaires, je vais tenter de formuler des choses simples en essayant, autant que faire se pourra, de les ordonner.

C'est au sein de l'agence régionale de santé que le sujet est le plus périlleux. Car au fond, il me faudrait quelques dizaines de pages pour évoquer, fût-ce brièvement, le rôle de chacun durablement ou ponctuellement, l'importance de ce sentiment de solidarité qui ne nous a jamais quittés, la certitude que ce que nous faisions ensemble était plus grand que nous. Dans un livre que nous avons choisi d'appeler *Faire face*, nous

nous sommes dit collectivement au fond ce en quoi cette aventure nous avait transformés.

Je vais donc m'en tenir à une chose, une conviction, que je voudrais simplement partager avec ceux qui ont été les compagnons de cette aventure, en le disant avec la plus grande économie de mots possible : nous avons été plus grands que ce que nous nous pensions capables d'être. Derrière cette phrase à la syntaxe hasardeuse, il y a une conviction simple : nous avons été plus grands que nous-mêmes. Pendant ces mois, un et un ont fait plus de deux. Notre collectif a été plus fort que ce que quiconque pouvait imaginer. Car c'est notre collectif qui a tenu. S'il n'y avait pas eu des regards bienveillants, des mots de soutien des uns envers les autres, des petits textos pour prendre des nouvelles et transmettre de la force, s'il n'y avait pas eu le sentiment que la responsabilité qui pesait sur nous était immense et que nous nous devions – ensemble – d'être à la hauteur, je pense que nous n'aurions pas pu, pas su, faire face.

J'ai découvert des gens, en particulier chez les dizaines de personnes venues en renfort à l'agence sans qui nous n'aurions pas tenu, mais aussi au sein des équipes de l'agence elle-même. J'ai eu peur avec eux. J'ai été souvent trop exigeant. Mais avant tout j'ai été fier. Je suis fier et, pour toute ma vie, je sais que n'éprouverai jamais plus grande fierté que celle d'avoir été à la barre avec un équipage aussi extraordinaire. Que chacun garde cela pour longtemps comme une pépite de fierté et de joie.

Je me risque quand même à dire ma reconnaissance a mes directeurs généraux adjoints, Nicolas Péju puis

Sophie Martinon à compter du printemps 2021, aux directeurs au siège de l'agence et dans les délégations départementales, qui n'ont jamais rien lâché. Mais dire cela ne résume pas tout, car au-delà de tenir bon il a fallu inventer, imaginer, prendre des décisions stratégiques inédites dans chacun de nos champs de compétences. J'ai eu l'immense honneur de piloter une équipe aux ressources presque inépuisables : Didier Jaffre, Catherine Dumont, Isabelle Bilger, Luc Ginot, Julie Lagrave, Julien Marchal, Yannick Le Guen, Nadine Weissleb, Cécile Somarriba, Céline Faye, Marie-Noëlle Villedieu, Tanguy Bodin, Hélène Marie, Marion Cinalli, Julien Galli, Monique Revelli, Sylvaine Gaulard, Éric Véchard, Anne Carli, Laure Kervadec… et avec eux tous leurs collaborateurs. Je voudrais adresser un salut particulier à ceux qui ont eu physiquement à me supporter au plus près et en particulier l'équipe exceptionnelle de professionnalisme et d'humanité du cabinet du directeur général sous la férule bienveillante de Yann Debos, Guylaine Chauvin et Leslie Lépront et aux assistantes, qui elles aussi ont eu au quotidien à réduire les incertitudes. Je dis ma gratitude à Patricia Dubois, Nora Lods et Isabelle Martin. Je leur dois infiniment.

Je ne vais pas mêler les plus hautes autorités politiques de ce pays à ces remerciements. Je veux simplement dire que jamais le président de la République, les Premiers ministres ou les ministres de la Santé, Agnès Buzyn puis Olivier Véran dès la mi-février 2020, n'ont négligé une alerte ou même la transmission d'une intuition. Je n'oublierai jamais les appels d'Édouard Philippe et d'Olivier Véran quand ils ont appris la mort de Pierre Housieaux, ils ont su trouver des mots justes qui m'ont permis de remonter en selle. Ils ont su plus largement fixer le cap et nous donner une ligne, ce qui, dans la tempête, n'était pas évident. Cette fluidité a été infiniment précieuse. La qualité de leurs cabinets respectifs y a été sans doute pour beaucoup. Et sans le soutien de tous, nous n'aurions pas franchi la peur. J'ai eu avec les directeurs des cabinets des ministres des Solidarités et de la Santé Raymond Le Moign puis Jérôme Marchand-Arvier des relations de confiance, de franchise, de camaraderie, d'amitié, immensément précieuses.

Ce fut le cas avec toutes les équipes du ministère que nous avons harcelées jour et nuit et qui ne se sont jamais dérobées. Je pense en particulier à Lætitia Buffet, d'abord sur les sujets de l'autonomie et ensuite à la tête pendant plus de six mois de la *task force* vaccination qui a été remarquable de répondant et de calme. Je pense évidemment aux équipes de Matignon et de l'Élysée qui ont subi les messages et notes du directeur général de l'agence régionale de santé d'Île-de-France. À Matignon, Benoît Ribadeau-Dumas et Thomas Fatôme d'abord, Nicolas Revel et leurs équipes ensuite ont été des interlocuteurs quotidiens, les relations amicales ou affectives entre nous sont sorties grandies de cet épisode. À l'Élysée, Anne de Bayser, amie, comme d'autres évoqués dans ce livre, depuis la belle époque de l'équipe de Bertrand Delanoë à la Ville de Paris, puis Pierre-André Imbert, comme Anne-Marie Armanteras de Saxcé, m'ont subi avec flegme et bienveillance.

Je voudrais aussi évoquer le collectif des directrices et directeurs généraux des ARS. Chacun avec nos personnalités, nous avons formé, à distance, une équipe soudée. Nous nous disions les choses, sans retenue, sans fausse pudeur, sans jamais de jugement sur nos réussites ou nos échecs. Je veux en particulier remercier mes camarades Étienne Champion et Pierre Pribile avec qui nous avons partagé, sans filtre, nos joies et nos peurs, nos lassitudes et nos espoirs.

Martin Hirsch et moi avons formé un tandem. Nous avons appris infiniment ensemble, intensément, en confiance. J'ai découvert son imagination et sa capacité à mettre la belle et grande machine de l'AP-HP en mode « commando ». Nous avions décidé qu'aucun de nos désaccords ne devait durer plus d'une demi-journée, et, comme il l'a dit mieux que moi lui-même, nous savions que nous devions désamorcer toute forme de crispation entre nous. L'humour, parfois potache, en fut souvent le ressort. Ce fut le cas avec toutes les équipes hospitalières de la région, dans le public comme dans le privé, avec les représentants des professionnels de ville, avec les acteurs de la prévention. Je ne peux pas citer tout le monde mais je crois, et sinon ce serait un échec cuisant, que les pages qui précèdent auront montré la force de ces liens.

J'ai dit ce que je devais aux préfets et les liens inoxydables noués avec la plupart d'entre eux désormais. J'ai évoqué aussi combien le partenariat et, pour certains, l'amitié avec les élus ont été exigeants et précieux.

Un livre, c'est aussi les premiers regards portés sur lui, les critiques formulées avec prudence et bienveillance par les premiers relecteurs, voire le travail de bénédictin conduit par certains, pour traquer les coquilles ou plus fondamentalement les passages abscons. Que Philippe Barbat, Hugo Bevort, François Weil, Luc Ginot, Yann Debos, Guylaine Chauvin, Louis-Marie Rousseau, Églantine Rousseau, Janine Boyer-Rousseau et toutes celles et ceux qui m'ont fait directement ou indirectement des retours sur ce texte soient remerciés de s'être livrés à cet exercice que je prends comme une réelle marque d'affection. Mathieu Souquière, ami de vingt ans, essayiste de talent, éditeur fin et exigeant, m'aura offert avec générosité ses conseils, orientations et critiques qui m'ont été précieux à chaque étape.

Au moment d'écrire les derniers mots de ce livre, je pense à César, à Aurèle et à ses parents, pour qui ces années signifieront, au cœur du tourbillon vécu dans le monde entier, la coexistence intime de l'infinie tristesse et du magnifique espoir. Ils savent mieux que quiconque la beauté et la grandeur de l'hôpital public.

Une crise c'est une aventure collective au travail mais aussi chez soi. Mes filles Clémence et Valentine ont eu une patience à toute épreuve. Je ne me suis sans doute pas totalement rendu compte de ce qu'elles vivaient, à la fois dans leurs vies personnelles, avec le confinement, puis les protocoles sanitaires à l'école, doublés d'une drôle de situation où les repas du soir se déroulaient au son de la conférence téléphonique entre DG d'ARS et équipes du ministère. J'ai découvert, estomaqué, qu'elles pouvaient quasiment réciter chaque conférence, celles-ci commençant invariablement par le point épidémiologique de Jérôme Salomon. Elles ont été attentives, drôles, patientes et bienveillantes et, elles aussi, elles ont tenu. Leur petit frère Abel est arrivé le 22 mars 2020. Étonnante apparition dans ce ciel d'orage. Lui aussi aura entendu en fond les conférences téléphoniques interminables auxquelles sa mère ou son père participaient. Il a été, presque à son corps défendant, avec ses sœurs un repère et un pilier, comme un rappel permanent au fait qu'il y avait du beau dans cette folie.

Marguerite a été tellement de choses à la fois depuis les premiers jours de cette crise jusqu'au travail sur ce texte… Elle a rejoint l'agence quelques jours avant la naissance de notre fils pour nous aider à modéliser la montée en puissance de la capacité hospitalière et a utilisé ainsi son (très court) congé de maternité ; elle a été là pendant le pic de la première vague, assumant beaucoup et bousculant aussi nos certitudes et nos doutes, pour nous aider à énoncer clairement la situation. De retour au service, elle a été très vite une cheffe du pôle santé-solidarités de Matignon de talent, sachant passer des enjeux macro au fin fond de la soute et subissant les critiques du « terrain » que je prétendais parfois crânement représenter. Nous avons eu le bonheur de vivre de nombreuses conférences téléphoniques, chacun dans une pièce, chacun tenant son rôle et n'hésitant pas, de rares fois, à légèrement hausser le ton… Ce fut donc aussi notre aventure. Nous avons vécu la blessure et nous vivrons le rebond.

Paris – Le Chalet, Saint-Hilaire-de-Brethmas,
automne 2021-mars 2022.

Table

Cet ouvrage a été imprimé sur du papier
dont les fibres de bois proviennent
de forêts durablement gérées

IMPRIM'VERT®

Cet ouvrage a été achevé d'imprimer
sur Roto-Page
par l'Imprimerie Floch à Mayenne
en septembre 2022

Cet ouvrage a été composé
en Bembo
par Nord Compo
à Villeneuve-d'Ascq (Nord).

N° d'édition : 4150 0302-X – N° d'impression : 100992
Dépôt légal : octobre 2022

Imprimé en France